陝西師範大學優秀學術著作出版資助

陝西師範大學出版總社　西安

陝西師範大學圖書館藏唐代粟特人墓志整理

陝西師範大學圖書館　編

圖書代號 SK24N0853

圖書在版編目（CIP）數據

陝西師範大學圖書館藏唐代粟特人墓志整理 / 陝西師範大學圖書館編 . -- 西安 : 陝西師範大學出版總社有限公司 , 2024. 10. -- ISBN 978-7-5695-4451-0

Ⅰ. K877.45

中國國家版本館 CIP 數據核字第 2024GT0736 號

陝西師範大學圖書館藏唐代粟特人墓志整理

SHAANXI SHIFAN DAXUE TUSHUGUAN CANG TANGDAI SUTEREN MUZHI ZHENGLI

陝西師範大學圖書館 編

出 版 人 劉東風
出版統籌 侯海英 曹聯養
運營編輯 遠 陽
責任編輯 付玉肖
責任校對 遠 陽
裝幀設計 飛鐵廣告
出版發行 陝西師范大學出版總社
（西安市長安南路 199 號 郵編 710062）
網 址 http://www.snupg.com
印 刷 陝西博文印務有限責任公司
開 本 880 mm × 1230 mm 1/16
印 張 11
字 數 260 千
版 次 2024 年 10 月第 1 版
印 次 2024 年 10 月第 1 次印刷
書 號 ISBN 978-7-5695-4451-0
定 價 58.00 圓

電話：（029）85307864 85303629 傳真：（029）85303879

目録

前言

陝西師範大學圖書館自從1956年雁塔校區圖書館建成以來，長期致力于古籍資源建設工作，經過60餘年的積累，已擁有古籍24萬餘册、金石拓片12000餘通、歷代名人字畫千餘種，數量在全國高校圖書館中名列前茅，于2009年被國務院批准爲『全國古籍重點保護單位』。

金石拓片是陝西師範大學館藏古籍資源中的一大特藏，它们主要收集于20世紀50至80年代末。在全部金石拓片中，歷代墓志拓片占比最大，約有近5000餘件，其中唐代墓志拓片3000餘件，占絕大部分。這些唐代墓志拓片主要來自以下三條途徑：其一爲20世紀50年代采購自金石藏家程仲皋處的全套早期傳拓千唐志齋藏石拓片，我館前輩學人在20世紀80年代對千唐志齋藏石拓片進行了校對勘誤，著録編目，計1462件，其中唐代墓志拓片爲1294件；[①]其二爲20世紀80年代購入的金石藏家段紹嘉舊藏歷代拓片；[②]其三則是新中國成立後至20世紀90年代，通過徵集或在西安及周邊地區零散搜訪輯求所得的墓志拓片。後兩類墓志拓片大約有近2000件，加上先前入藏的千唐志齋墓志，館藏唐代墓志總計3000餘件。

這批唐代墓志的志主主要是漢人，此外，還有高麗人、鮮卑人、突厥人以及來自西域的吐火羅、月氏、粟特等胡人，這些墓志無疑反映了唐代長安燦爛輝煌、兼容并包的國際開放性，以及絲綢之路東西往來的繁榮盛况。其中，最具有代表性的當推來自中亞地區的粟特人墓志。從拓片上面的館藏印來看，它們大多是在西安師範學院、陝西師範學院時期入藏的，有不少拓片藏品不止一件，還有其他副本，這一點有可能是當時負責采購的前輩館領導注意到墓主的粟特人身份以及這些拓片的學術價值，有意識挑選收集的。

本書題爲《陝西師範大學圖書館藏唐代粟特人墓志整理》，主要是對本館館藏的唐代粟特人墓志拓片進行點校整理。下面先簡要對20世紀唐代墓志的出土、整理情况，以及有關粟特人墓志的整理情况作一概述。

① 參考張鳴鐸《千唐志齋藏石與張鈁》，《陝西師大學報》（哲學社會科學版）1984年第4期；張培禮等主編《秦中舊事》，上海書店出版社，1992年。

② 任天夫口述、李宏棋整理：《米壽憶平生》，非正式出版，2010年。

一、20 世紀唐代墓志的出土與整理

衆所周知，近現代有兩次隋唐五代墓志出土的高潮。第一次是 19 世紀末 20 世紀初，由于中晚清時期碑志之學的興盛，過去不爲人所重視的墓志石刻也漸漸受到學者、藏家的關注。又逢辛亥革命後軍閥混戰，時局動蕩，洛陽、西安周邊被盜掘出土了大量中古時期的墓志，張鈁千唐志齋藏石的搜輯便是在這一背景下進行的。第二次是在 20 世紀 90 年代以後，由于大量的基建建設以及盜墓活動，秦、晉、豫地區又出土了巨量的中古墓志。20 世紀 80 年代末至 90 年代初由隋唐五代墓志匯編總編輯委員會整理出版的《隋唐五代墓志匯編》收録隋唐時期墓志圖版 5000 餘方，同時期周紹良、趙超主編的《唐代墓志匯編》收録唐代墓志 3607 方，其後的《唐代墓志匯編續集》又收録 1564 方。日本學者氣賀澤保規自 1997 年先後四次整理著録歷代著録或新出土并已公布的唐代墓志目録，出版爲《新編唐代墓志所在総合目録》一書，其中 1997 年初版著録唐代墓志 5482 方，2004 年版著録 6828 方，2009 年版著録 8748 方，2017 年版著録 12523 方。[①]從這些數字的變化可以看出，21 世紀後，新公布的唐代墓志數量可以説超過了以往的總和。[②]然而從 20 世紀 90 年代初這一時間節點來看，當時公布的唐代墓志數量不超過 4000 方，我館在當時能够收藏 2000 餘種、3000 餘件，應當説非常難得，殊爲不易。不過，這一數字并未統計館藏一部分未經裝裱的墓志，我館館藏的唐代墓志精確數量尚待進一步精確整理統計。

曾鞏在給歐陽脩的《寄歐陽舍人書》中曾寫道：『蓋史之于善惡無所不書，而銘者，蓋古之人有功德材行志義之美者，懼後世之不知，則必銘而見之。』[③]墓志作爲歷史文物，擁有其寶貴的藝術價值、文物價值，同時，作爲一種傳記材料，其巨大的史料價值、文學價值同樣是不言而喻的，這也毋庸贅述。20 世紀以來，海量唐代墓志的出土問世，爲唐史研究、唐代文學研究提供了非常豐富的一手資料，碑刻之學是唐史史料學非常重要的部分，由之誕生出的研究佳作可謂汗牛充棟，而圖版、録文整理則能够將這些一手史料轉化爲方便學者查閲的史料工具。因此，從 20 世紀 80 年代以來，不斷地有大型綜合類唐代墓志圖版、録文集的整理著作、出版。除上文提及的兩種 20 世紀 90 年代初出版的匯編以外，主要有以下著作：

① 氣賀澤保規：《新編唐代墓志所在総合目録》，汲古書院，2017 年。

② 據仇鹿鳴《十餘年來中古墓志整理與刊布情况述評》（《唐宋歷史評論》第四輯，社會科學文獻出版社，2018 年，第 3—25 頁）統計，截止 2017 年底，已正式刊布的唐代墓志總數在 11000 餘方。

③ 曾鞏：《寄歐陽舍人書》，《曾鞏集》卷一六，中華書局，1984 年，第 253 頁。

1983年，河南省文物研究所、河南省洛陽地區文管處編《千唐志齋藏志》，著録千唐志齋藏石1360件，其中唐代墓志1209件，這些墓志主要是張鈁于20世紀二三十年代在洛陽及周邊地區收集而來。毛漢光從1984年至1994年整理臺灣『中研院』史語所藏拓片成《唐代墓志銘匯編附考》18册，該書體例完備，在圖版、録文之外，對碑志來源、形製、其他書中的收録信息、史籍中的記載，甚至异體字、缺字、銘文用韵等信息均有詳細著録，爲其後的墓志整理樹立了良好的典範。北京圖書館金石組1989年編著的《北京圖書館藏中國歷代石刻拓本匯編》將館藏拓片圖版集結出版爲煌煌101巨册，其中唐代墓志25册，占據總量的四分之一，内容大多與《隋唐五代墓志匯編》重複。除了圖版以外，20世紀90年代中後期，周紹良、趙超主編的《全唐文新編》22册、吴鋼編纂的《全唐文補遺》7輯整理收録了墓志的録文。

這些大型綜合墓志全集問世以來，爲廣大學人提供了極大的便利，也迅速地推動了唐代墓志研究的進程。不過由于當時工程浩大，當時的製圖技術亦有限制，録文的精確程度到拓片圖版底本的選擇、製作方面間或有可完善之處。

二、先行研究中的粟特人墓志整理

粟特人是古代中亞地區著名的商業民族，有『利之所在、無遠弗至』之稱。中國史籍以粟特人原住于祁連山北昭武城，被匈奴擊走，遷至阿姆河、錫爾河流域（今天烏兹别克斯坦與塔吉克斯坦的一部分），有康、安、史、曹、石、米、史、何、穆等九姓，皆以昭武爲氏，將他們稱爲『昭武九姓』『九姓胡』。粟特人在漢唐時期，以積極廣泛的商業貿易活動，來往于絲綢之路，溝通歐亞大陸東西兩端的政治、經濟、社會、文化、宗教，傳播東西方的文明。其中有不少人最終遷徙、定居至中國，尤其在唐代，大量粟特人在中國聚居，對當時的歷史産生了很大的影響，諸如發動安史之亂的安禄山、史思明即爲粟特人後裔。

19世紀末20世紀初以來，隨著西方探險隊在中亞地區考察探險等活動的推進，粟特人逐漸引起學者的關注，一門國際性的學問——粟特學漸漸形成了。我國的陳垣、陳寅恪、馮成鈞、向達，俄國的巴托爾德，法國的伯希和，以及日本的白鳥庫吉、桑原騭藏等學者在20世紀初期先著其鞭。這些學者研究的一大特點就是不局限于傳世史料，而依靠墓志、墓室壁畫以及文物等出土材料，其中尤其看重新出土墓志，如向達在他1933年出版的《唐代長安與西域文明》（初版爲燕京大學哈佛燕京學社出版）一書中，便利用了洛陽、長安兩地出土的粟特人墓志20餘方。

百年來，各國涌現了大量的粟特研究學者，他們取得了斐然成果。尤其到了21世紀初葉，安伽、虞弘、史射勿等具有代表性的中古粟特人墓志的出土，又引起了一陣粟特研究的高潮，這一時期也出版了幾種以粟特人墓志爲對象的整理著作。榮新江、張志清主編的《從撒馬爾干到長安——粟特人在中國的文化遺迹》（北京圖書館出版社，2004年）一書，收録39方北朝至唐代的粟特人碑記、墓志，每方墓志除配有圖版外，都撰寫了詳細的題記，内容包括志石信息、墓主生平考證，以及圖版、録文的著録信息。此後，洛陽市文物管理局整理出版的《洛陽出土絲綢之路文物》（河南美術出版社，2011年）一書，收録78方北朝隋唐時期西域各國入華後裔墓志，其中有粟特人墓志54方。此書立意雖佳，然體例不一，或爲圖録，或爲録文，且個别圖版拍攝不清，不太便于利用。相較之下，洛陽市文物管理局于同年編著出版，由余扶危策劃主編的《洛陽出土少數民族墓志匯編》質量則遠勝前書，此書全爲録文，雖無圖版，但著録有他書的圖版索引，且對墓志出土、藏石信息都有詳細的著録，共收録北魏至唐代，出土于洛陽的少數民族墓志500餘方，其中粟特人墓志有50餘方。

三、關于《陝西師範大學圖書館藏唐代粟特人墓志整理》

在上文介紹的諸家研究的基礎上，本館此次將館藏的唐代粟特人墓志重新作一整理。本書所收録粟特人墓志，分爲可以確定爲粟特人墓志以及疑似粟特人墓志兩種。關于粟特人的界定標準，學者們已有廣泛討論，茲不贅述。本書主要是參照日本學者福島惠在《唐代ソグド姓墓志の基礎的考察》（《學習院史學》第43號，2005年）一文中提出的四類標準，來判斷墓主是否爲粟特人，進而決定是否收録：1. 墓主能斷定爲粟特人的墓志（墓志文中有直接來自粟特地區的記載，或祖先擔任過薩保，或由血緣關係可知爲粟特人）；2. 墓主極可能是粟特人的墓志（配偶爲昭武九姓，或姓名帶有明顯胡風，或來自與粟特關係密切的地區）；3. 不能明確是否爲粟特人的墓志（不符合上述條件者）；4. 本人非粟特裔但配偶爲粟特人的墓志。在福島氏定義的基礎上，對第3類——疑似爲粟特人墓志——追加兩項條件：a. 墓主或其先人的職業、職官具有商武背景；b. 墓主或先人進入中國的時期符合先行研究結論中該姓氏粟特人進入中國的時代。

我们按照這4類標準，館藏唐代墓志中志主或配偶至少有一方確定（含斷定、極可能）爲粟特人的有29方，疑似爲粟特人的有10方，共計39方。其中：康姓14人、安姓10人、何姓7人、史姓11人、曹姓3人、石姓2人。

這39方墓志的姓氏分布符合唐代粟特人的整體情況。從墓志姓氏的分布情況來看，康、安、史三姓均有10人以上，占絶大多數，而其餘的何、曹、石三姓則相對較少。這既反映了康、安、史三姓在粟特人中所居的地位，也符合這三姓在入唐粟特人中占據大多數的特點。但是，虽然衆所周知，入華粟特人以國爲姓，是否在九姓之内是判別粟特人身份的重要標志，如康、安二姓本非中土所有，唐代有此二姓氏者十之八九即是粟特人，但史、何、曹、石、穆等姓氏則非粟特人所專有，如史姓亦可能爲突厥阿史那氏之簡寫，何、曹本兩姓本有中土漢姓，石氏則另存有羯人後裔，穆氏亦可能是鮮卑人等。因此，在這些姓氏的判斷上，除非有較爲可靠的證據，均按疑似進行統計，即執行上述標準中的第3類。

以何氏墓志爲例，如《何府君（摩訶）墓志銘》，其先東海郯人，後又因官遷至涼州姑臧，學界已多有研究，他可以確定是粟特人，屬于第1類；又如《河南府兵曹何府君（冣）墓志銘》，雖然志文追攀其爲何晏之後，但從其望在蜀地，祖父曾爲巴州司馬，父親何福習明經科，家族中既有武官傳統，又與一般粟特人慣于經商并不相符，綜合來看，他可能是粟特人，且是隋代何妥、何稠家族的同一支族人，屬于第3類；再如《何處士（禕）墓志銘》，墓志雖然記載何禕爲廬江何氏，但從他生活在粟特人常聚居的長安，曾祖爲振武將軍汝南郡守、祖父爲滕王府諮議參軍事等武職來看，有可能也是粟特人，屬于第3類；再如《大唐故何君墓志銘》，名不詳，從其任絳州稷山縣丞來看，推測其家族即在并州地區，這一地區同樣是粟特人在北方的重要聚居地，他同屬于第3類。

再以史、曹二姓爲例，如《唐故恒州中山縣令史君（善法）墓志銘》，墓志稱史善法望在濟北史氏，但從其父史咸任昭武校尉，夫人姓康來看，基本可以確定史善法家族爲粟特人，屬于第2類；又如《唐故高君（達）夫人安氏墓志銘》，高達本人或爲漢人，或爲鮮卑人，夫人安氏則爲粟特人，二人屬于异族通婚的第4類；再如《汝州魯陽府別將胡明期母曹夫人墓志銘》，墓志雖未記録曹夫人的族屬、郡望，但從她嫁入武將家族來看，很可能是兩個武將家族的聯姻，有可能是粟特人，屬于第3類。

這39方墓志以下葬時間來排列，墓主的生活時代從顯慶二年（657）至五代後周顯德元年（954），跨越初唐至五代的近300年。出身地包括北方的涼州、長安、洛陽、濟北、中山，南方的蜀地、揚州、廬江、福建等地。墓主的職業包括武將、處士、商人。無論是時間跨度、還是地理空間均非常廣闊，社會屬性亦非常豐富，這反映出唐代粟特人在中國流動的情况以及其生活變遷。

就體例而言，本書綜合前文所述各家的特點，包括圖版、解題、參考文獻、録文四部分。圖版部分延聘專業攝影團隊，對拓片全圖作高清影像拍攝。解題包括名稱（首題）、年代、尺寸、形制、紋飾、書體、行數、殘損情况、出土時地、現藏地等信息，并對墓主姓字、郡望里貫、仕宦經歷、家族成員，傳世史籍中的相關記載，以及粟特人身份作一簡單考證。參考文獻部分，則分圖版、録文、圖版及録文皆有的綜合著録、前人研究等四部分，著録與該墓志相關的整理、研究論著。最後的録文部分，則參考前人成果，重新點校，與前人有所齟齬之處，皆用脚注標識，供讀者參考。

四、本書的學術價值

本書的學術價值主要有以下三點：

（一）文獻版本價值

本次出版所挑選的唐代粟特人墓志拓片，可以分爲兩類：第一類是從程仲皋處整批購入的千唐志齋藏志拓片，這些拓片均在 20 世紀 50 年代入藏，與《千唐志齋藏志》《隋唐五代墓志匯編》所附拓片圖片、國家圖書館藏拓片進行對比，發現館藏的這批千唐志齋拓片與《千唐志齋藏志》所用拓片基本一致，個别拓片字口更加清晰，因而具有較高的版本價值，例如《大唐故康敬本墓志》《大唐故陪戎副尉羅府君（甑生）夫人康氏墓志銘》《周故將仕郎檢校尚書庫部郎中守太子左贊善大夫賜紫金魚袋彭城郡劉公（彦融）夫人康氏墓志銘》等，拓片字口較以往出版的圖録更爲清晰，可供補訂之處甚多；第二類則是零散購入的其他墓志拓片，其中亦不乏早期善拓，如清代末期出土的《大唐故何處士（禕）墓志銘》，《隋唐五代墓志匯編》《北京圖書館藏中國歷代石刻拓本匯編》均未收録，《唐故石府君（忠政）墓志銘》，諸家所用圖版皆是後來已碎爲五塊的拓本，而本書圖版則是碎爲三塊的早期拓本。

（二）文獻校勘價值

本書既附有高清影印的拓片，還在前人整理的基礎上，對墓志碑文重新釋讀并録文，修訂過去整理本在録文方面的一些瑕疵。本次所選的拓片，可見于 20 世紀 90 年代初出版的《隋唐五代墓志匯編》《唐代墓志匯編》《全唐文補遺》《全唐文新編》等書中。這些書的學術價值自然是毋庸置疑的，不過，限于文獻的龐大體量、觀念、技術等時代原因，仍不免有百密一疏、白璧微瑕處。加之過去的整理本在圖與文之間往往不能兼得，使用不便，如《隋唐五代墓志匯編》有影印圖片而無整理録文，《唐代墓志匯編》《全唐文補遺》《全唐文新編》等書則有文而無圖。本次出版，將以前人的整理爲基礎，并參考結合近年來的新研究成果，重新整理録文，爭取後出轉精。

（三）在粟特學方面的學術價值

這些墓志可以爲粟特研究中常爲人所矚目的一些熱點問題提供材料，如粟特人入華後的遷徙、聚居情况、通婚情况等。

關于粟特人入華的遷徙、聚居情况，榮新江先生在前人基礎上，利用各種文獻資料，考察出北方、南方不同的路綫。本書所選的墓志便分布在這些路綫上：北方路綫以塔里木盆地、河西走廊、中國北方、蒙古高原爲中心，從西域進入河西走廊後，經敦煌、酒泉、張掖、武威，再東南經原州入長安、洛陽，經衛州、相州、魏州、邢州、定州至幽州、營州地區，或東北向靈州、并州、雲州、幽州、營州。南方路綫則或泛海而來，或由西域經青海道入蜀，或由關中至襄陽，再順長江而下，陸路是魏晉南北朝以來粟特人進入南方的主要途徑，分布于巴蜀、江淮、嶺南地區。

關于通婚情況，榮新江先生亦指出在安史之亂之前，粟特人內部婚姻更爲常見；安史之亂後，與漢族人的通婚顯著增加。本次所選取的如顯德元年（954）《大周故將仕郎檢校尚書庫部郎中守太子左贊善大夫賜紫金魚袋彭城郡劉公（彦融）夫人康氏墓志銘》《大周故護國軍節度行軍司馬金紫光禄大夫檢校司徒兼御史大夫上柱國武威縣開國男食邑三百户安公（重遇）夫人劉氏墓志銘》都很好地反映了這些特點。

正是由于中古時期有大量粟特人延綿往返于歐亞大陸東西兩端，才有了燦爛的絲綢之路，有了繁榮開放的唐王朝。我校坐落于絲綢之路東方起點的西安，本次將唐代粟特人墓志集結出版，既是對國家多年來『一帶一路』建設的積極配合，也是對中共中央辦公廳、國務院辦公廳2022年聯合印發的《關于推進新時代古籍工作的意見》的切實執行，同時還是將黨的二十大所提出的『推動共建「一帶一路」高品質發展』與『傳承中國優秀傳統文化』相結合，『堅持交流互鑒，推動建設一個開放包容的世界』的具體表現。希望本書的出版，既能宣傳、展示陝西師範大學圖書館現有藏品的風貌、前輩學人蒐集館藏的成績，又能對學界的粟特研究有所發展、推進。

凡例

一、本書收録對象为陝西師範大學圖書館藏唐代粟特人墓志拓片。目前這些墓志大多數都收藏于國家公立博物館、圖書館，個别民國以前出土的墓志下落不明。

二、本書收録的墓志拓片資料，分粟特人墓志（含斷定、極可能）、疑似粟特人墓志兩類。每類之中按照墓主下葬時間先後排序。

三、墓志題名按墓志首行信息著録。若係夫妻合志，則附加配偶姓氏，例如《唐故高君（達）、夫人安氏墓志銘》，原題爲《唐故高君墓志銘》，本書將夫人安氏一并著録。若原志無題，則自爲擬定，例如《大唐故呼論縣開國公新林府果毅□（史）陁墓志銘》。

四、每通墓志由圖版、解題、參考資料、録文四部分組成。

圖版部分，爲墓志拓片照相圖版。

解題部分，先介紹墓志出土時地、收藏單位，墓志尺寸、行數、撰者、書者、書體、刻石者、紋飾等；次則介紹館藏拓片特點、價值；再介紹相關考證，涉及墓主及家族成員生平、判定爲粟特人之理由，見于史籍者，附相關史料。

參考資料部分，先舉已出版的收録該拓片圖版之整理文獻，次舉已出版的收録該拓片録文之整理文獻，繼之已出版的收録該拓片圖版、録文或相關考證之綜合整理文獻，末則引相關研究專著、論文，以供讀者按圖索驥，綜合深入學習。除相關研究之外，文獻名皆用縮略語，相關對應完整文獻名列于書末，爲『附録一：文獻簡稱表』，以供查閲參考。

録文部分，結合先行整理研究成果，重新點校釋文，于前人整理有所修訂者，皆以脚注説明。

五、墓志録文一般使用通行規範繁體字，并加以標點。通假字、人名、現在繼續使用的簡體字照録之外，俗體字、武周新字均改用常用字，如『誌』作『志』『剌』作『刺』等。拓片中漫漶不清、無法辨識的字用『□』標識，館藏拓片無法識别而先行研究中可辨認者，以『□』標示，并隨文附括號，在括號内標識其字，并以脚注注明參考文獻來源。疑似字用『[字]』標識，如『[隋]』『[刺]』等。

六、拓片中出現的明顯係誤寫、缺字、漏字、改刻等情况，按原文照録，以脚注加以説明。

七、墓志中因平闕形成空格，空一字者，録文空一格，空兩字及兩字以上者，録文均空兩格。

八、爲保持拓片原有行款，墓志改行處皆用『/』標示。

九、爲便于檢索，本書末附墓主人名檢索，爲『附録二：墓志人名索引』。索引以姓氏拼音字母排列；每姓之中，亦按拼音字母排列；姓名不詳者，則以下葬時間先後排序。

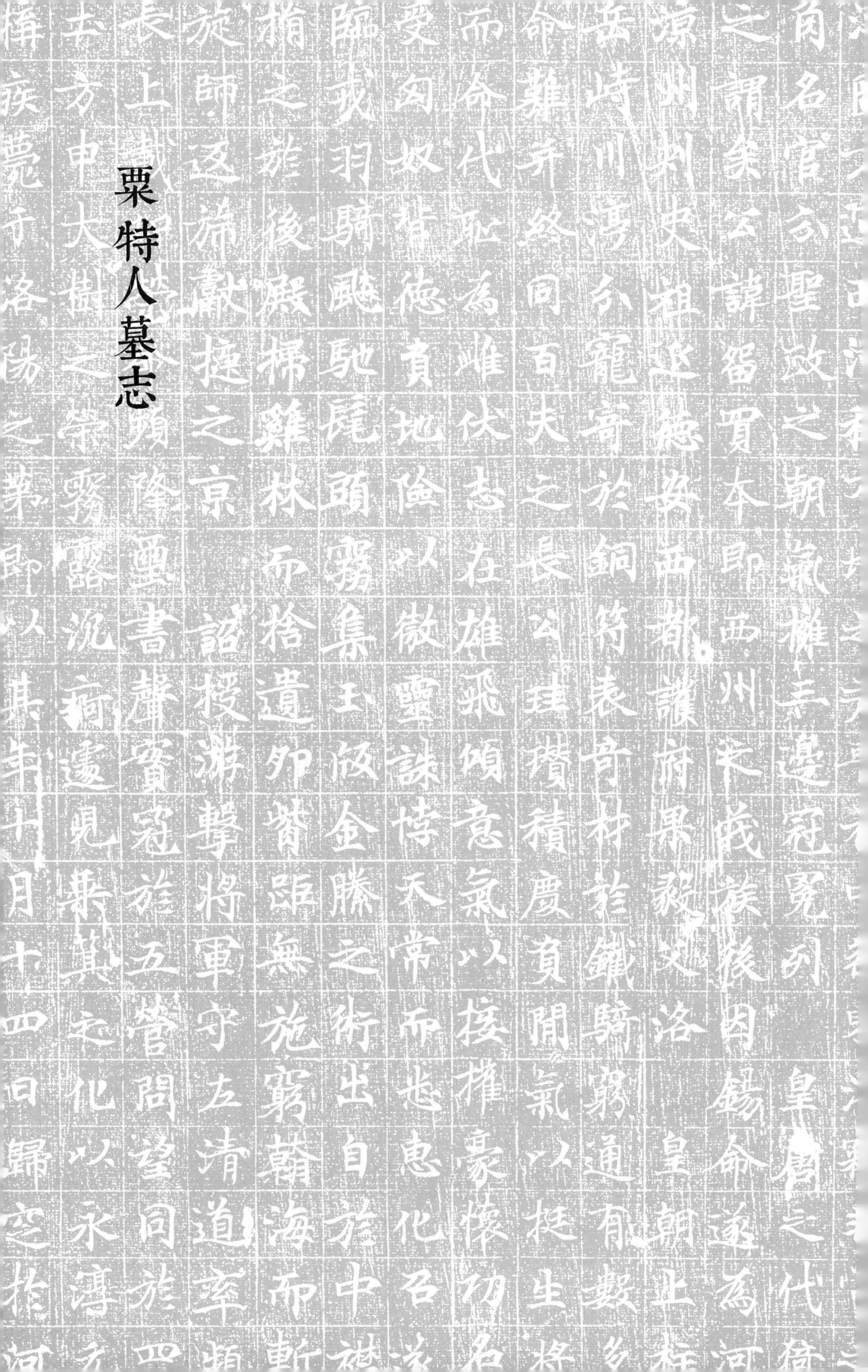

粟特人墓志

〇一

大唐故處士安君（靜）墓志銘

【解題】

墓志出土于20世紀30年代，具體時間、地點不詳，原爲李根源曲廬精舍所藏，後歸蘇州文管會，原石現藏南京博物院。① 拓片長44.5厘米，寬44.5厘米。志文共22行，滿行22字，正書，撰者、書者、刻石者不詳。紋飾不詳。第十一行『輔仁乖驗』下『金相玉質，與春露而先危』等字，國家圖書館、南京博物院等藏拓片仍完好，但館藏拓片破損較多。

安静（596—657），字處冲，河南洛陽人，終身不仕，以處士身份去世，未見于史籍。雖然志文追稱安氏祖先至夏后氏，來自朔北，然而從安氏姓、安静長子安行旻的名字，以及墓志銘文『寂寥蒲海，迢遞葱河』的表述來看，基本可以確定這一家族爲粟特人的後裔。其家族早在北魏時期便遷徙至洛陽地區，祖父安嶷，曾任北齊河陽（今河南孟縣）鎮將，是粟特人常見的仕宦選擇。父安遠，曾任隋文林郎，爲文散官。從安遠、安静父子的名、字，以及出處經歷來看，其家族在洛陽居住百餘年，漢化程度較深。特别是安静，從他『性狎泉林』，有『烟霞之趣』，不汲汲于富貴的人生來看，他們深受中原地區道教、佛教的影響。因此墓志稱他『鏡浮生之遽促，植來果于福田；鑒大夜之遐長，袪往緣于欲界。深該六度，妙蘊四禪』。安静于顯慶二年（657）十一月廿二日卒于私第，時年六十二歲。同年十二月十九日，葬于洛陽北邙平樂鄉安善里。

① 參見《北圖》第13冊，第58頁。

【參考資料】

圖版：①《北圖》第13册，第58頁；②《隋唐》洛陽卷第3册，第194頁；③《曲石》第5號；④《洛絲》第116頁。

録文：①《匯編》顯慶059，第267—268頁；②《新編》第5部第3册，第14002頁；③《補遺》第2輯，第149—150頁；④《洛民》第216頁。

綜合：①《南博》第8頁；②《撒馬爾干》第111頁。

相關研究：①榮新江：《安史之亂後粟特胡人的動向》，載紀宗安、湯開建主編《暨南史學》第二輯，暨南大學出版社，2003年，第102—123頁，後收入氏著《中古中國與粟特文明》，生活·讀書·新知三聯書店，2014年，第79—113頁；②劉惠琴、陳海濤：《從家世淵源觀念的變化看唐代入華粟特人的漢化》，載《魏晋南北朝隋唐史資料》第20輯，第145—154頁，後收入二氏著《來自文明十字路口的民族——唐代入華粟特人研究》，商務印書館，2006年，第411—425頁；③畢波：《中古中國的粟特胡人——以長安爲中心》，中國人民大學出版社，2011年；④劉森垚：《中古墓志所見入華粟特安氏源流考述》，載紀宗安、馬建春主編《暨南史學》第十八輯，暨南大學出版社，2019年，第40—62頁。

【録文】

大唐故處士安君墓志銘并序／

君諱静，字處冲，河南洛陽人也。昔夏后承天，派隆基于朔／北；魏皇統曆，胤華胄于周南。或濟俗康朝，功參徵管；或鴻／名盛德，才同王佐。文宗令望，標暎一時；忠規素範，騰芬百／代。豈止金門七葉，楊氏五公而已哉！祖嶷，齊河陽鎮將，□／高□下，氣淩雲甸。父遠，隋文林郎，模楷人倫，師表雅俗。□／清神内澈，如抱夜光；機爽外融，若懸朝鏡。志輕軒冕，烟霞／之趣彌高；性狎泉林，簪紱之情遂遠。□（恬）①然神王，難得親踈，／寂矣忘骸，不關貴賤。鏡浮生之遽促，植來果于福田；鑒大／夜之遐長，祛往緣于欲界。深該六度，妙蘊四禪。豈期祐善／無徵，輔仁乖驗，□（金）□（相）□（玉）□（質），□（與）□（春）□（露）□（而）□（先）□（危）②；蘭□（頳）③芝枯，等秋／葉而俱盡。粤以顯慶二年十一月廿二日遘疾，卒于私第，／春秋六十有二。即以其年十二月十九日葬于北邙平樂／鄉安善里，禮也。長子行旻等，想風樹而增欷，撫寒泉以痛／心，懼陵谷之有遷，紀芳猷于豊石。嗚呼哀哉！乃爲銘曰：／

巍巍茂族，赫赫昌源。如珠耀浦，類玉暉昆。六奇秘策，七葉／高門。公侯递暎，朱紱華軒。其一 盛矣徵君，邈哉處士。禮潤初／榮，義資終始。晦迹青丘，齊衡黄綺。慎斯三惑，成兹四美。其一④／寂寥蒲海，迢递葱河。始欣中日，還傷逝波。霧縈丹旐，風傳／薤歌。塋臨月鏡，隧掩雲羅。其三 三千尚遥，百齡俄畢。幾悲冬／夜，頻嗟夏日。掩彩少微，潛形幽室。勒銘泉壤，式昭貞質。／

顯慶二年十二月十九日處士安君墓志銘／

---

① 闕字據《北圖》、《隋唐》洛陽卷第3册拓片，當爲「恬」字。

② 所闕10字，館藏拓片破損，據《北圖》、《隋唐》洛陽卷第3册拓片，當爲「金相玉質，與春露而先危」。

③「頳」字據《匯编》補。

④「其一」，當作「其二」。

〇二 唐故高君（達）、夫人安氏墓志銘

【解題】

墓志于1929年4月6日出土于洛陽葉溝村，原石現藏河南省洛陽市新安縣千唐志齋博物館。[1]拓片長42厘米，寬43厘米。志文19行，滿行19字，正書，撰者、書者、刻石者不詳。紋飾不詳。館藏拓片底部字口多不清晰，同《千唐》拓片。

墓志志主高達，墓志稱其出身于渤海高氏家族。祖父高韜，北齊任校書郎。父親高元稱，曾任青州臨淄縣令。高達本人曾任宣州秋浦縣令。父祖三代均擔任過下層文官，活動範圍主要在黄河中下游的平原地區。從其姓氏及活動地區來看，其家族亦有可能爲鮮卑高氏。妻子上谷安氏，從其姓氏及郡望判斷，其家族當是經草原北綫入華的粟特人。若高達與安氏的婚姻是胡漢通婚，則男方爲漢人，女方爲粟特人，這樣的結合在出土墓志中相當少見，這是初唐時期，唐朝政府對于胡漢通婚有一定限制導致的，故兩人婚姻相較于胡漢通婚，更有可能是鮮卑人與粟特人的結合，屬于胡人之間的通婚。安氏去世于貞觀十年（636），其後，高達于顯慶二年（657）十月廿八日去世于私第。顯慶三年（658）正月廿三日夫婦合葬于邙山平樂鄉。

[1] 參見《洛陽石刻出土時地記》，大象出版社，2005年，第109頁；《隋唐》洛陽卷第3册，第196頁。

【參考資料】

圖録：①《北圖》第13册，第62頁；②《隋唐》洛陽卷第3册，第196頁；③《千唐》第131頁。

録文：①《匯編》顯慶064，第369頁；②《新編》第5部第3册，第14004頁；③《補遺》第2輯，第150頁。

綜合：《匯編附考》第4册第343號，第175—177頁。

相關研究：毛陽光：《隋唐時代洛陽的粟特人》，載洛陽歷史文化考古研究所編：《河洛文化論叢》第3輯，中州古籍出版社，2006年，第250—262頁。

【録文】

唐故高君墓□（志）□（銘）[1] 并序／

君諱達，字玄通[2]，渤海人也。洪波峻極，耸幹陵雲，□（焕）[3]／爛縑緗，可略言矣。祖韜，齊校書郎。父元稱，青州臨／淄縣令。或透迤鳳闕，既炤灼于青編；或製錦一同，／時[4]稱三异之美。君乃禀兹餘緒，構此崇基，神彩共／岩電争飛，逸氣與松風競遠。大業年中，爲宣州秋／浦縣尉，非其好也，掛冠而去。每以朵頤作誡，高蹈／唯清，放志丘園，無情好爵。既而天不且憖，穹實殲／良，無諧玄牝之談，翻應處星之變，以顯慶二年十／二月廿八日終于私第，春秋六十有二。夫人上谷／安氏，挺貞專之志，懷婉淑之姿，四德無愆，三從有／裕。以貞觀十年，溘隨零落，春秋卌有五。可謂成龍／兩劍，忽爾俱沉，桂井雙桐，俄然盡朽。以顯慶三年／正月廿三日合窆于平樂鄉／之邙山，禮也。恐年代／悠遠，丘隴不存，敬述清暉，鎸之貞石。其詞曰：／

鬱鬱宗枝，峨峨華胄。太號珪璋，攸推領袖。韞粹騰／暉，梢雲挺秀。始□龍盤，方褰眉壽。猗歟淑儷，舊挺／貞賢。早辭白□（日）[5]，□（一）[6]宿玄泉。今來同穴，一閉何年。聊[7]／題琬琰，永播芳荃。／

① 『志銘』二字據《北圖》拓片補。
② 『通』字《匯編附考》作『道』。
③ 『焕』字據《北圖》拓片補。
④ 『時』字《匯編附考》作『特』。
⑤ 『日』字據《全唐文補遺》補。
⑥ 『一』字據《匯編附考》補。
⑦ 『聊』字《匯編附考》作『既』。

樹三異之美君乃稟茲餘緒構此崇基神彩
庚爭飛逸氣與松風競遠大業年中爲宣州
司尉非其好也掛冠而去每以朵頤作誡高
清放志丘園無情好爵既而天不且慭宮實
無諧玄北之談韞蘧處星之變以顯慶之年
月廿八日終於私第春秋六十有三夫人上
氏挺貞專之志懷椀[illegible]之姿四德無愆三從
以貞觀十年遽隨露落春秋卅有五可謂成
紉忽尒俱沉桂井雙桐俄然盡朽以顯慶三
月廿三日合窆于平樂鄉之邙山禮也恐年
遷丘隴不存故述清暉[illegible]之貞石其詞曰

〇三

大唐故呼論縣開國公新林府果毅□（史）陁墓志銘①

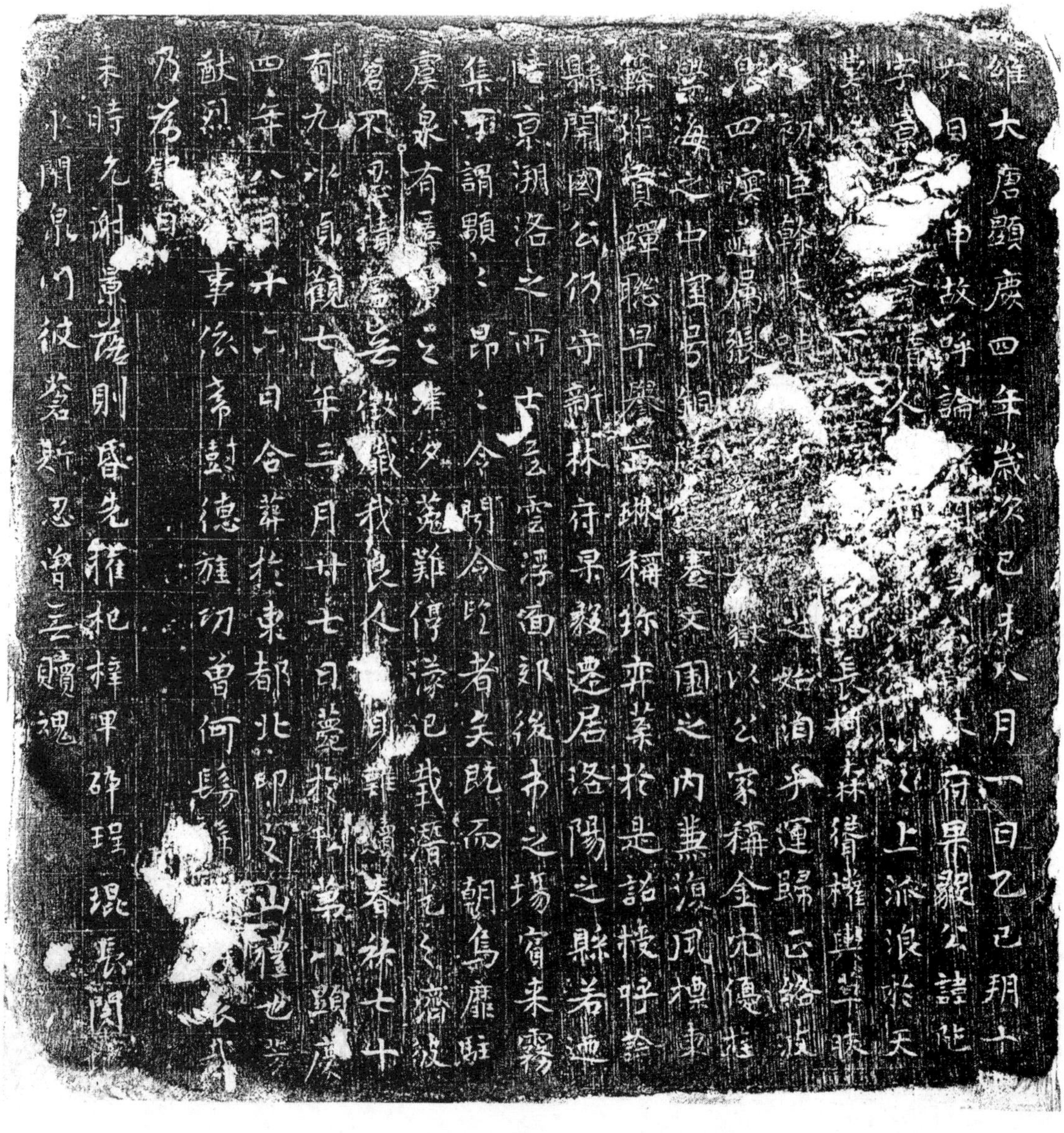

① 原志無題，標題據先行研究成果擬定。

【解題】

墓志出土于河南洛陽①，具體時間、地點不詳，原石現藏河南省洛陽市新安縣千唐志齋博物館。拓片長40厘米，寬40厘米。志文19行，滿行19字，正書，撰者、書者、刻石者不詳。紋飾不詳。館藏拓片係20世紀50年代購自金石名家程仲皋處早期拓片，第8至10行第2字『開』『京』『可』字清晰可見②，與《千唐》《北圖》近似。

原志無題，亦無志主姓氏，先行研究綜合本書所載《大唐康氏故史夫人墓志》《大周故陪戎副尉安府君（懷）夫人史氏合葬墓志銘》以及本書所未載的《大唐登仕郎康君（老師）墓志》，考證墓主姓名爲史陁，生卒年爲555年至633年。志文未直接交待史陁的族裔，但從其姓名、郡望以及文中表述所透露的職業來看，其爲粟特人無疑。唐代史姓多爲粟特地區史國人後裔，『陁』亦是粟特人的常用名，意爲奴僕；會稽亦爲唐代康姓粟特人墓志中所常見。志文中稱史陁本人『風摽東榦』『早譽西琳』，顯示其家族早先來自西域；稱其家遷居洛陽後，『家稱金穴』『室號銅陵』，其宅『陪京溯洛』『面郊後市』，顯示出其家資豐厚，由行商以致巨富，加之其擔任兵府郎將官，以上這些描述均符合中古時期粟特人的生産方式、職業。據上從而可以斷定其爲粟特人。史陁雖然去世于貞觀七年（633），但直至顯慶四年（655）才與夫人合葬于邙山，亦顯示出粟特人進入中原後入鄉隨俗的一面。本書所載康氏故史夫人、安懷夫人史氏均爲其後裔。

① 參見《隋唐》洛陽卷第4册，第17頁。
② 例如《隋唐》洛陽卷第4册拓片此三字有石花，『可』字難辨識。

【參考資料】

圖版：①《北圖》第13册，第121頁；②《隋唐》洛陽卷第4册，第17頁；③《千唐》第142頁；④《洛絲》第132頁。

録文：①《匯編》顯慶108，第297頁；②《新編》第5部第3册，第14035頁；③《補遺》第2輯，第160頁；④《洛民》第188頁。

綜合：《匯編附考》第4册第381號，第329—331頁。

相關研究：①毛陽光：《洛陽新出土唐代粟特人墓志考釋》，《考古與文物》2009年第5期，第75—80頁；②趙振華：《唐代粟特人史多墓志初探》，《湖南科技學院學報》2009年第11期，第79—82頁；③榮新江：《新出石刻史料から見たソグド人研究の動向》，《関西大學東西學術研究所紀要》第四十四輯，第121—151頁；④畢波：《中古中國的粟特胡人——以長安爲中心》，中國人民大學出版社，2011年；⑤羅豐、謝泳琳：《三方粟特人墓志考釋——兼論唐代洛陽粟特人的婚姻與居地》，載杜文玉主編《唐史論叢》第三十五輯，三秦出版社，2022年，第145—168頁。

【録文】

維大唐顯慶四年歲次己未八月一日乙巳朔十／六日□（庚）①申，故呼論縣開國公新林府果毅公諱陁，／字景，□□會稽人□。□□洪□（源）②淼淼，上派浪于天／漢；□（峻）③□□□，下□（無）④□□□岫。長柯森聳，權輿草昳／之初，巨幹扶踈，□□□□之始。洎乎運歸正絡，波／息四溟，道屬張□，□□五岳。以公家稱金穴，優游／學海之中；室號銅陵，□塞文園之内。兼復夙摽東／簳，作貢蟬聯；早譽西琳，稱珍弈葉。于是詔授呼論／縣開國公，仍守新林府果毅，遷居洛陽之縣。若迺／陪京溯洛之所，士至雲浮；面郊後市之場，賓來霧／集。可謂顒顒昂昂，令聞令望者矣。既而朝烏靡駐，／虞泉有匿景之津；夕菟難停，濛汜載潛光之濟。彼／蒼不忍，積善無徵，殲我良人，□（百）⑤身難贖，春秋七十／有九，以貞觀七年三月廿七日薨于私第，以顯慶／四年八月十六日合葬于東都北邙之山，禮也。芳／猷烈□，往事依希，樹德旌功，曾何髣髴。□（嗚）□（呼）⑥哀哉。／乃爲銘曰：／

來時允謝，景落則昏。先摧杞梓，早碎珵琨。長闢地／□，永閉泉门。

彼蒼斯忍，曾無贖魂。／

① 闕字《匯編附考》作「癸」，據乙巳朔推算，十六日爲庚申，闕字當作「庚」。

② 「源」字據《匯編》補。

③ 「峻」據《匯編附考》補。

④ 「無」字後據《匯編》補。

⑤ 「百」字據《匯編附考》補。

⑥ 「嗚呼」二字據《匯編》補。

〇四 大唐故陪戎副尉安君（度）墓志

【解題】

墓志于20世紀30年代出土于洛陽前李村瀍水之濱，[①]具體時間不詳，原石現藏河南省洛陽市新安縣千唐志齋博物館。拓片長39.5厘米，寬38厘米。志文18行，滿行18字，正書，撰者、書者、刻石者不詳。紋飾不詳。館藏拓片係20世紀50年代購自金石名家程仲皋處早期拓片，與《千唐》圖版絶肖。

安度（582—659），志文稱其爲長沙人，曾任陪戎副尉，爲從九品下武散官，未見于史籍。祖父安陁，北齊時任滁州青林府鷹擊郎將。父安定，隋時任河陽郡鎮將。墓志雖稱安度爲長沙人，但考慮到其祖孫三世皆任武職，志文又有『既而神香遥遠，空傳西域之名』的表述，加之祖父名爲粟特人名中常見的『陁』，安度家族當爲粟特人無疑。唐顯慶四年（659）閏十月甲戌朔，安度卒于洛陽敦厚里私第，同年十一月七日葬于河南洛陽城北邙山之陽。

【參考資料】

圖版：①《北圖》第13册，第131頁；②《隋唐》洛陽卷第4册，第21頁；③《千唐》第143頁；④《洛絲》第117頁。

録文：①《匯編》顯慶116，第302—303頁；②《新編》第5部第3册，第14039頁；③《補遺》第2輯，第161頁；④《洛民》第217頁。

綜合：①《匯編附考》第4册第388號，第367—369頁；②《撒馬爾干》第112—113頁。

相關研究：①榮新江：《安史之亂後粟特胡人的動向》，載紀宗安、湯開建主編《暨南史學》第二輯，暨南大學出版社，2003年，第102—123頁，後收入氏著《中古中國與粟特文明》，生活·讀書·新知三聯書店，2014年，第79—113頁；②李鴻賓：《唐代墓志中的昭武九姓粟特人》，《文獻》1997年第1期，第121—134頁，後收入氏著《隋唐五代諸問題研究》，中央民族大學出版社，2006年，第71—86頁；③劉惠琴、陳海濤：《從家世淵源觀念的變化看唐代入華粟特人的漢化》，載《魏晋南北朝隋唐史資料》第20輯，第

---

① 參見《隋唐》洛陽卷第4册，第21頁。《洛陽石刻出土時地記》記載出土于『洛陽城北邙山之陽』，大象出版社，2005年，第112頁。

145—154頁，後收入二氏著《來自文明十字路口的民族——唐代入華粟特人研究》，商務印書館，2006年，第411—425頁；④畢波：《中古中國的粟特胡人——以長安爲中心》，中國人民大學出版社，2011年；⑤劉森垚：《中古墓志所見入華粟特安氏源流考述》，載紀宗安、馬建春主編《暨南史學》第十八輯，暨南大學出版社，2019年，第40—62頁。

【録文】

大唐故陪戎副尉安君墓志銘／

君諱度，字善通，長沙人也。其先弈葉相承，根扶／疏而不朽；洪源遠派，等松竹而長榮。祖陁，齊任／滁州青林府鷹擊郎將；父定，隋任河陽郡鎮將。／并志操凝遠，心神迥邈，撫臨兵衆，恩等春陽。君／齠年早惠，夙著嘉聲，玉潤優游，逍遥自得，珪璋／間發，挺思雲松。君往以大唐□（起）□（義）[①]之功，　帝授／陪戎之職，遂豚迹閭里，不仕[②]王侯，孝敬于家，恭／己無犯，悠悠養志，嗟時逝而不停；屑屑終晨，嘆／隙駒而易往。以顯慶四年歲次己未閏十月甲／戌朔寢疾，卒于敦厚之第，春秋七十有八。即以／其年十一月癸卯朔七日己酉葬于洛陽城北／邙山之陽，禮也。既而神香遥遠，空傳西域之名；／瓊草難求，唯聞蔓[③]倩之説。奄然零落，可不悲哉！／將恐海變陵移，懋遷時逝，故題玄石，勒銘云爾。／其詞曰：　鬱鬱長松，昂昂直上。蓮峰拂桂，岧／崦[④]獨往。悲纏里閈，鄉閭遐想。哀哉興感，倏無髣／像。如彼素月，開霞獨朗。／

① 『起義』二字據《補遺》補。
② 『不仕』二字《全唐文補遺》作『不事』。
③ 『蔓』字當作『曼』。
④ 『崦』字《匯編附考》作『峗』。

根異曇粒[illegible]以[illegible]
之職遂脉跡閭里不住[illegible]悅孝歡北家
祀從之養去方將逝而來修眉之終晨
而易注以顯慶四年歲次己未閏十月
寢疾卒於龍門之第春秋七十有八即
十一月癸卯朔七日己酉葬於洛陽城
之陽禮也既而神香遥遠空傳西域之
難求律[illegible]有之說奄然[illegible]落可不悲
海變陵移[illegible]遷時逝敬題玄石勒銘云
曰[illegible]攀之長松昂之首上蓮岸佛桂

〇五 大唐康氏故史夫人墓志銘

大唐康氏故史夫人墓誌銘并序
夫人姓史,洛□而言,家承
□縣蘭國公,祖□□洛府果毅,父英,左衛郎
將,襲□□父□並謂備諸冊祖
志慶□□□□□為散不絶,夫人
福祐□□保□□□婦禮有功禄,夫人儀無備亘□□□遠
第忽□□世□□□六□齡□□□□□□□□□□光
詞谷春秋□□□□□六年二月天□□□□□於
□谷陽城北□印山之□□卄三日歿□□
風日變孝□□□□□即以其月廿七日□□
霜□□順□□□□□□□□□□□陵葬□蘭□春茂

【解題】

墓志出土于洛陽後海資村，具體時間不詳，原石現藏河南省洛陽市新安縣千唐志齋博物館。[①]拓片長41厘米，寬40厘米。志文15行，滿行15字，共184字，正書。館藏拓片係20世紀50年代購自金石名家程仲皋處早期拓片，與《千唐》圖版相似，俱有大片石花。

史夫人(626—661)，墓志雖云其爲洛陽人，但考慮到其家族背景，以及與康氏通婚的姻親關係，可以判定其家族本爲粟特人，祖父史槃陁即爲本書〇三號墓志志主唐呼論縣開國公、新林府果毅都尉史陁，父親史英爲唐左衛郎將。其家族在祖父史陁這一輩遷徙定居于洛陽，故史夫人著籍洛陽。史夫人卒于顯慶六年（661）二月廿三日，同年三月七日葬于洛陽城北邙山。史陁另有兩个孫女，一孙女爲本書一九《大周故陪戎副尉安府君（懷）、夫人史氏合葬墓志銘》中的史夫人，另一孙女則嫁與《大唐登仕郎康君（老師）墓志》墓主康老師。

① 參見《洛陽出土石刻時地記》，大象出版社，2005年，第118頁。另《隋唐》洛陽卷第4册著録志石出土于『洛陽市孟津縣朝陽村』，見該書第72頁。

【參考資料】

圖版：①《北圖》第13册，第193頁；②《隋唐》洛陽卷第4册，第72頁；③《千唐》第166頁；④《洛絲》第133頁。

録文：①《匯編》顯慶169，第335—336頁；②《新編》第5部第3册，第14067頁；③《補遺》第2輯，第171頁；④《洛民》第188—189頁。

綜合：《匯編附考》第5册第439號，第159—161頁。

相關研究：①毛陽光：《洛陽新出土唐代粟特人墓志考釋》，《考古與文物》2009年第5期，第75—80頁；②趙振華：《唐代粟特人史多墓志初探》，《湖南科技學院學報》2009年第11期，第79—82頁；③榮新江：《新出石刻史料から見たソグド人研究の動向》，《関西大學東西學術研究所紀要》第四十四輯，第121—151頁；④畢波：《中古中國的粟特胡人——以長安爲中心》，中國人民大學出版社，2011年；⑤羅豐、謝泳琳：《三方粟特人墓志考釋——兼論唐代洛陽粟特人的婚姻與居地》，載杜文玉主編《唐史論叢》第三十五輯，三秦出版社，2022年，第145—168頁。

【録文】

大唐康氏故史夫人墓志銘并序／

夫人姓史，洛州洛陽人也。家承纓冕，代／襲珪璋，可略而言，備諸簡册。祖槃陁[1]，呼／論縣開國公、新林府果毅。父英，左衛郎／將，襲封父邑；并謂俱承懿緒，冠蓋連華，／茂慶門傳，芳徽不絶。夫人女儀無爽，一／志貞心，婦禮有功，四德兼備，宜應壽兹／福祐，保卒遐齡。豈意天不慭遺，奄先朝／露，忽以顯慶六年二月廿三日終于私／第，春秋卌有六。即以其年三月七日窆／于洛陽城北邙山之陽，禮也。復恐陵爲／深谷，海變桑田，不紀餘芳，無傳後葉。其／詞曰：／

風儀婉順，令□芬芳。蕊開春茂，遽□秋／霜。／

---

①「槃陁」，《補遺》釋文作「□陁」，《匯編附考》作「諱」，其餘諸録文均作闕文號，細辨館藏拓片，「槃陁」二字可識。「槃陁」與「陁」同義，爲粟特語 Bntk 的音譯，意爲奴僕。

縣開國公新林府君□影之□子□倍
釁封文邑並謂俱承鬟緒冠蓋連
慶門傳芳徽不絕夫人出儀無英
覺心婦禮有功四德無備宜應壽
祐保年遐齡豈意天不慭遺奄先
忽以顯慶六年二月廿三日終於
春秋卅有六即以其年三月七日
洛陽城北邙山之陽禮也復恐陵
谷海變□□□□□餘芳無傳遂□

〇六
大唐故康敬本墓志銘

【解題】

墓志于1936年出土于洛陽前海資村西南，原石現藏河南省洛陽市新安縣千唐志齋博物館。①拓片長61厘米，寬60.5厘米。志文28行，滿行30字，正書，撰者、書者、刻石者不詳，紋飾不詳。此志漫漶不清處衆多，《千唐》、《隋唐》洛陽卷第5册所刊圖版相近，爲殘泐之本，且字口細瘦，圖版模糊。榮新江曾指出，此墓志拓片諸家圖版惟《輯繩》所刊爲善拓，《補遺》據以釋録，所得文字較前者爲多，正確性亦較其他録文爲善。②館藏拓片相較《千唐》《隋唐》等圖版，傳拓更精，間或有可證前人録文誤釋之處。

康敬本（623—670），字延宗，史籍未見，根據墓志，其家族爲康居人，在漢武帝元封年間（前110—前105）從康居遷居至張掖郡。從其家族出身康居，世襲武職，可以確定爲粟特人。康敬本曾祖康默任北周甘州大中正，祖父康仁任隋上柱國、左驍衛三川府鷹揚郎將。父康鳳仕隋，起家右親衛，後加朝散大夫，皇泰元年（618），授銀青光禄大夫，遷上大將軍，尋除左龍驤驃騎大將軍、陽城縣侯。康敬本本人于貞觀年間（627—649）中鄉貢光國，射策高第，授文林郎，不久後授任忠州清水縣尉，後改授幽州三水縣尉。在任治理有方，遷□臺司禮主事，授晋州洪洞縣丞，後又遷授虢州録事參軍事。康敬本後卒于洛陽章善里第，咸亨元年（670）□月十四日葬于河西北上翟村西原。本書所載《唐故陪戎副尉康君（武通）墓志銘》志主康武通爲康敬本伯父或叔父。

①參見《洛陽出土石刻時地記》，大象出版社，2005年，第140頁。

②史睿、龔鵬程亦持相同觀點，參見後文相關研究所列史睿《金石學與粟特研究》、榮新江《中古時期來華胡人墓志研究的新進展》、龔鵬程《通于幽冥：墓志及其相關文化——以千唐志齋爲例》，然《輯繩》并未收録此方墓志，氣賀澤保規《新編唐代墓志所在総合目録》圖版類僅著録《千唐》、《隋唐》洛陽卷第5册、《洛絲》等，未詳諸家所據。

【參考資料】

圖版：①《隋唐》洛陽卷第5册，第109頁；②《千唐》第265頁；③《洛絲》第93頁。

録文：①《匯編》咸亨029，第530頁；②《新編》第5部第3册，第14272頁；③《補遺》第2輯，第234頁；④《洛民》第328頁。

綜合：《匯編附考》第8册第715號，第75—79頁。

相關研究：①魯才全：《〈蓋蕃墓志〉考釋》，《魏晋南北朝隋唐史資料》第7輯，1985年，第77-80頁；②李鴻賓：《唐代墓志中的昭武九姓粟特人》，《文獻》1997年第1期，第121—134頁，後收入氏著《隋唐五代諸問題研究》，中央民族大學出版社，2006年，第71—86頁；③榮新江：《安史之亂後粟特胡人的動向》，載紀宗安、湯開建主編《暨南史學》第二輯，暨南大學出版社，2003年，第102—123頁，後收入氏著《中古中國與粟特文明》，生活・讀書・新知三聯書店，2014年，第79—113頁；④史睿：《金石學與粟特研究》，載榮新江、張志清主編《從撒馬爾干到長安——粟特人在中國的文化遺迹》，北京圖書館出版社，2004年，第34—40頁；⑤榮新江：《中古時期來華胡人墓志研究的新進展》，載北京大學中國古文獻研究中心編《北京大學中國古文獻研究中心集刊》第十一輯，北京大學出版社，2011年，第200—220頁，後收入氏著《三升齋續筆》，浙江古籍出版社，2021年，第265—298頁；⑥畢波：《中古中國的粟特胡人——以長安爲中心》，中國人民大學出版社，2011年；⑦龔鵬程：《通于幽冥：墓志及其相關文化——以千唐志齋爲例》，載《墨林雲葉》，東方出版社，2015年，第92—100頁。

【録文】

大唐故康敬本墓志銘／

君諱敬本，字延宗，康居人也。元封内遷，家張掖郡。酋率望重，播美□（河）①西，因地□（命）②／氏，派流不絶。故知東南擅竹箭之美，西北藴球琳之珍。莫不事③藉□腴④，兼資⑤望／□。昔⑥金行失馭，水德未□，五馬躍而南浮，六龍矯而西墜。自戎居□，□（世）⑦襲簪裾。／□（曾）⑧祖默，周甘州大中正。祖仁，隋上柱國、左驍衛三川府鷹楊郎將。□□挺劍，欄／□□清。戴鶡彎弓，鈎陳外警。父鳳，隋起家右親衛，加朝散大夫。屬□□道銷⑨，帝／□改□，□降夜舉，羽檄晨飛。皇⑩泰元年，授銀青光禄大夫，遷上大將軍，尋除左／龍驤驃騎大將軍、陽城縣侯。五千悠長，照華轂以騰光；六校參營，肅雕戈而動／色。□星聳劍，縱賁育之雄□；貫葉鳴弦，總平⑪良之秘策。君襟⑫神爽悟，性靈歆俊，／澡鱗⑬學海，振⑭羽翰林。道實因□，才不習古，文秀事刃之歲，窮覽孔府之書；子山／受□之年，洞曉姬公之籍。以貞觀年中，鄉貢光國，射策高第，□（授）⑮文林郎，尋除忠／□（州）⑯清水縣尉，□（改）⑰授幽州三水縣尉。兩造甄□，□□備舉，官不留□（辜）⑱，豻⑲無冤⑳滯，遷／□臺司禮主事，清覽要樞，仙闈㉑總轄。君爰松表性，指冰㉒濯心，厠雞香而含芬，陪／雀□而爲□。司成碩學，就釋十翼之□（微）㉓；弘文大儒，詢明六

---

①『河』字據《補遺》補。
②『命』字據《補遺》補。
③『事』字《補遺》同，《新編》《滙編》皆録爲『率』字。
④『腴』字《補遺》同，《新編》《滙編》皆録爲『蘇』字。
⑤『資』字《新編》《補遺》《滙編》均録爲『耳』字，據拓片當作『資』。
⑥『昔』字《補遺》同，《新編》《滙編》皆脱去『昔』字。
⑦『世』字據《補遺》補。
⑧『曾』字據《滙編》《新編》《補遺》補。
⑨『銷』字《補遺》同，《新編》《滙編》皆録爲『銀』字。
⑩『皇』字《補遺》録爲『皇』字，《新編》《滙編》皆録爲『永』字，據拓片殘筆，以『皇』字爲是。

---

⑪『平』字《補遺》同，《新編》《滙編》録爲『千』字。
⑫『襟』字《補遺》同，《新編》《滙編》皆録爲『傑』字。
⑬『澡鱗』二字《補遺》録爲『操德』，《新編》《滙編》皆無録文，據拓片當作『澡鱗』。
⑭『振』字《滙編》《新編》《補遺》皆闕文，察拓片殘筆，當爲『振』字。
⑮『授』字據《補遺》補。
⑯『州』字據《補遺》補。
⑰『改』字據《補遺》補。
⑱『辜』字據《補遺》補。
⑲『豻』字《滙編》《新編》《補遺》闕文，察拓片殘筆及文意，當作『豻』字。
⑳『冤』字《補遺》同，《新編》《滙編》皆録爲『冕』字。
㉑『闈』字《補遺》同，《新編》《滙編》皆録爲『闞』字。
㉒『冰』字《新編》《滙編》同，《補遺》爲『水』字。
㉓『微』字據《補遺》補。

義之奧。□而絢彩，筆/海澄漪[1]，聳鄧[2]林之翹幹，湛疊波而積翠。授晋州洪洞縣□（丞）[3]。魏地要□，□（關）[4]河重複。/吏多機巧，人懷狙詐。君執[5]贊一同，□輔百里。夜漁莫隱，朝雉見馴。遷授號州録/事參軍事。境麗神皋，地華仙邑。聽雞之谷，表裏山河；休牛之郊，襟帶□陸。□上/珪璋令望，杞梓賢明；行修兼舉，詞藝俱瞻。何得預兹簡擢，授受僉宜。□（君）[6]□適/方，□（抗）[7]庫[8]無避。居忠處正，履道依仁。亟[9]丁憂還，哀感行路。號天靡傢，擗地無□。□/生雖返，扶而不起，遂嬰□痼，亟改炎涼。與善無徵，降年不永，春秋卅[10]有八，□（卒）□（于）[11]/章善里第。喬[12]林[13]欲秀，嚴霜□摧；長衢方騁，騰雲景滅。巷歌鄰相，寂寞無聞；□水/成風，悽然有輟。且毀滅□行，誠闕禮經；孝感神明，彰于典册。即以咸亨元年□/月十四日，遷于河南[14]□□翟村西原，禮也。□（乃）[15]爲銘曰：/

邈矣遥緒，遐哉遠迹。源[16]派昆墟，枝[17]分弇石。勛高東夏，族著西掖。效彰提劍，功標/□□。誕□（兹）[18]光國，實美榮家。居謙守節，履儉黜奢。德包[19]玉樹[20]，才間金□（沙）[21]。揮豪寫露，/綴藻舒霞。□若菈□，實[22]□秦里。馭黠從風，懲奸喻水。屏除三横，弘敷五美。惠浹/□（鄰）[23]壥，恩流縣鄙。掩神蒿□，□□（魂）[24]大夜。松郊鬱鬱，隧草萋萋。黄鳥哀思，白馬悲嘶。/□□□□，壟暗雲低。人蹤蕪□，獸迹□□。唯餘□□，琬琰俱齊。/

① 『澄漪』《補遺》同，《新編》《匯編》皆録爲『金柯』。
② 『鄧』字《補遺》同，《新編》《匯編》皆録爲『登』字。
③ 『丞』字據《補遺》補。
④ 『關』字據《補遺》補。
⑤ 『執』字《匯編》《新編》《補遺》皆闕文，察拓片殘筆，當爲『執』字。
⑥ 『君』字據《補遺》補。
⑦ 『抗』字據《補遺》補。
⑧ 『庫』字《補遺》同，《新編》《匯編》皆録爲『屏』字。
⑨ 『亟』字，《補遺》録爲『以』字，察拓片殘筆，似爲『亟』字。
⑩ 『卌』字《補遺》同，《新編》《匯編》皆録爲『卅』字。
⑪ 『卒于』二字據《補遺》補。
⑫ 『喬』字《補遺》同，《新編》《匯編》皆録爲『高』字。
⑬ 『林』字《補遺》録爲『木』字，當爲『林』。
⑭ 『河南』二字，《匯編》《新編》《補遺》闕文，細察拓片，當爲『河南』。
⑮ 『乃』字據《補遺》補。
⑯ 『源』字，《補遺》作『流』。
⑰ 『枝』字《補遺》録爲『指』，當作『枝』。
⑱ 『兹』字據《補遺》補。
⑲ 『包』字《補遺》同，《新編》《匯編》皆録爲『已』字。
⑳ 『樹』字《補遺》同，《新編》《匯編》皆録爲『潤』字，似爲『樹』字。
㉑ 『沙』字據《補遺》補。
㉒ 『實』字《補遺》同，《新編》《匯編》皆録爲『貿』字。
㉓ 『鄰』字據《補遺》補。
㉔ 『魂』字據《補遺》補。

驃騎大將軍陽城縣侯五代衣冠昭華轂以騰光六校□□肅雖
達資□□其月之奇□□葉鳴弦總千頃之秘策君稟神爽悟性
學海□洞籍□道實□□不習古文秀事乃之□窮覽孔府之
之年□曉姻□之籍□□觀年出鄉貢□國射策甲科□林郎
水縣尉□授□州三水縣尉秩滿□甄□備舉官不□□無
句禮注書清覽要樞仙闈懋譽居變於□陟□栢永□心痛□首□
□爲賓句成碩學就釋□奠之□加文夫儒詢明□義□□□
綺贊登□之□矜□叠波□積舉□晉州洪洞縣□地要
機乃人豫祖誰□□贊一同□輔□□孫莫隱□雉見馴
軍□□□神皋□華仙之聽□之谷表□□河休牛之郊襟帶
冷程杞梓質明行□兼舉詞□□贈何待□蕊簡擢授受僉宣
淂無踐居忠豫□復道候往□丁憂□哀感行路號天靡□擗地
逕扶□不從遂嬰□函疽□□涼□暑無徵降年不永春秋卌有
里弟尚書欲秀嚴□□雄長衢方馳騰雲景滅巷歌鄰相舂冥無
婁□發且□□成周豊堂學成甲月□日典冊郎人威□

〇七　唐故陪戎副尉康君（武通）、夫人唐氏墓志銘

康君
墓誌

【解題】

墓志出土于洛陽楊凹村，[1]具體時間不詳，原石現藏河南省洛陽市新安縣千唐志齋博物館。志石拓片長45.5厘米，寬46.5厘米；志蓋拓片長26.5厘米，寬25厘米。志文24行，滿行23字，正書，撰者、書者、刻石者不詳。紋飾不詳。蓋篆書，題文『康君墓志』。有學者稱此志蓋『篆法奇特，字勢開張，對稱均衡，垂脚外展，富有個性，似《張遷碑》篆額』[2]。與《北圖》、《隋唐》洛陽卷第5册、《洛絲》等書圖版比較，以上拓片多殘泐，缺字甚多，尤以《北圖》圖版漫漶爲甚，難以辨識。館藏本與《千唐》圖版幾乎完全一致，俱爲早期拓本，存字較多，拓工亦精。

康武通（585—649），字宏遠，墓志稱是太原府祁縣人，據銘文『蒲昌貴族，酒泉華裔』，可知其家族來自于中亞地區，爲粟特人後裔。康氏家族爲武將世家，祖父康默，北周時任上開府儀同大將軍；父康仁，隋任左衛三川府鷹揚郎將。康武通本人自幼時就諳習文武，隋時官至大將軍，封陽城縣開國子。隋亡後，以貞觀十二年（638）改授陪戎副尉，晚年官職并不高。另外，他與本書所收録之〇六《大唐故康敬本墓志銘》志主康敬本爲叔侄關係，康武通于貞觀二十三年（649）五月十九日卒于洛陽章善坊私第。康武通夫人姓唐，似爲漢人，然志文稱其爲『酒泉單王之胤』，或亦爲胡人，唐當非其本姓。育有五子，咸亨三年（672）正月二十五日卒于洛陽利仁坊私第，同年二月二十二日夫婦合葬于洛陽諸葛村北邙山之陽。

① 參見《洛陽出土石刻時地記》，大象出版社，2005年，第142頁；《隋唐》洛陽卷第5册，第125頁。

② 龔鵬程：《通于幽冥：墓志及其相關文化——以千唐志齋爲例》，《墨林雲葉》，東方出版社，2015年，第98頁。

【參考資料】

圖版：①《北圖》第15册，第162頁；②《隋唐》洛陽卷第5册，第125頁；③《千唐》第273頁；④《洛緣》第94頁。

録文：①《匯編》咸亨051，第545頁；②《新編》第5部第4册，第14289頁；③《補遺》第2輯，第243頁；④《洛民》第329頁。

綜合：《匯編附考》第8册第733號，第157—160頁。

相關研究：①向達：《唐代長安與西域文明》，哈佛燕京出版社，1933年，商務印書館2017年再版；②章群：《唐代的安、康兩姓》，載黄約瑟編《港臺學者隋唐史論文精選》，1990年，三秦出版社，第43—54頁；③榮新江：《安史之亂後粟特胡人的動向》，載紀宗安、湯開建主編《暨南史學》第二輯，暨南大學出版社，2003年，第102—123頁，後收入氏著《中古中國與粟特文明》，生活·讀書·新知三聯書店，2014年，第79—113頁；④劉惠琴、陳海濤：《從家世淵源觀念的變化看唐代入華粟特人的漢化》，載《魏晉南北朝隋唐史資料》第20輯，第145—154頁，後收入二氏著《來自文明十字路口的民族——唐代入華粟特人研究》，商務印書館，2006年，第411—425頁；⑤李鴻賓：《唐代墓志中的昭武九姓粟特人》，《文獻》1997年第1期，第121—134頁，後收入氏著《隋唐五代諸問題研究》，中央民族大學出版社，2006年，第71—86頁；⑥張慶捷：《胡商 胡騰舞與入華中亞人：解讀虞弘墓》，北岳文藝出版社，2010年；⑦賈發義：《中古時期粟特人移入河東的原因及分布初探》，《中華文史論叢》2015年第1期，第301—318、401—402頁；⑧陳瑋：《統萬城出土粟特人康成墓志研究》，載侯甬堅等編《統萬城建城一千六百年國際學術研討會文集》，陝西師範大學出版總社，2015年，第523—536頁；⑨龔鵬程：《通于幽冥：墓志及其相關文化——以千唐志齋爲例》，載《墨林雲葉》，東方出版社，2015年，第92—100頁。

【録文】

唐故陪戎副尉康君墓志銘并序／

君①諱武通，字宏遠②，太原祁人也。遠派洪流，導長瀾于漢浦；崇／基峻阯，擢遠條于鄧林。芳聲與史册俱傳，珪組與圖緗并載。／祖默，周任上開府儀同大將軍。父仁，隋任左衛三川府鷹楊／郎將，六③奇必奮，八陣是□，武略挺生，文雄倜儻。惟君天縱凝／□，□□迥秀。皇墳帝典，探幽賾于志學之年；擊劍控弦，負壯／氣于强仕之歲。于時隋室清蕩，思弘志道。暨皇泰初，仕至大／將軍陽城縣開國子。既而隋曆告終，　唐皇啓聖，惟新是／建，豈復齒于諸往。以貞觀一十二年改授陪戎副尉，從班例／也。君爰自盛年，有懷禄位，逮乎晚節，實重閑居。覽疏公止足／之言，庶松子浮雲之志。春秋六十有五，以貞觀廿三年五月／□（十）④九日終于章善坊里第。夫人唐氏，即酒泉單王之胤也。嚴／□（肅）⑤齋敬，出自天然，凝懿範于室家，執大義于兹日。挺生五子，／皆□利賓，俱有王佐之材，并堪瑚璉之器。豈其從善不效，與／福無徵，康寧養壽，安寢而殞。以大唐咸亨三年正月廿二日／終于利仁坊私第，春秋七十有二。即以其年二月廿三日，合／葬于洛州洛陽縣諸葛村北一百□□（邙）⑥山之陽，禮也。□□等／不忍長離，無堪承訣，瞻邙山以登□⑦，聽洛川而嗚咽。□□□／感，庶幾同穴，其詞曰：／

蒲昌貴族，酒泉華裔。地靈不絶，人英攸繼。鐘鼎方顯，天□□／對。屏去衣冠，弃捐環珮。其一 慈恩未□。□灾忽臻。恩養不果，念／報無因。割切肌骨，抽剥心神。穹倉不愸，獨苦斯人。其二 賓徒漸／散，獨有孤封。月開東岳，日隱西春。風疾草勁，宵寒夜濃。何年／何月，再□（奉）□（尊）⑧容。／

①『君』字《匯編》作『公』，細審館藏拓片，當作『君』。
②『遠』字《匯編》《新編》《補編》作『達』，細審館藏拓片字口，似當作『遠』。
③『六』字《匯編》《新編》《補遺》闕文，細察拓片殘筆，兼考文意，當作『六』。
④『十』字據《補遺》補。
⑤『肅』字據《補遺》補。
⑥『邙』字據《匯編附考》補。
⑦『極』字《匯編》《新編》《補遺》闕文，細察拓片殘筆，當作『極』字。
⑧『奉尊』二字據《補遺》補。

〇八 唐故夫人史氏墓志銘

【解題】

志石出土于河南省洛陽市，具體時間不詳，原石現藏開封博物館。拓片長46厘米，寬44厘米。志文共20行，滿行22字，正書行書間雜，筆勢飄逸。館藏拓本字口清晰，傳拓精善，與《北圖》拓片近似，唯銘文末行『其四』二字已爲石花所泐，不及餘本可見。

夫人史氏（622—674），鄴（今河北臨漳縣西南）人，史籍未見，根據志文，史氏在洛陽信奉佛教，『崇遵釋教，傾信首于法城』。史氏的祖父史訶，曾任隋陳州刺史。父親史仁，任朝議郎，有文才。墓志未言及史氏的丈夫。但從銘文『昆山玉類，漢水珠泉』可知她的家族來自西域，祖父史訶的名字亦爲粟特人常用，基本可以確定墓主来自一個粟特家族。雖然是粟特人，史氏卻有佛教信仰，這與洛陽濃厚的佛教氛圍是分不開的。史氏于咸亨五年（674）正月廿五日去世，時年五十三歲；同年二月廿九日，葬于河南洛陽邙山。

【參考資料】

圖版：①《唐宋》173，第263頁；②《北圖》第15册，第213頁；③《隋唐》洛陽卷第5册，第171頁；④《輯繩》第338頁；⑤《洛絲》第134頁；⑥《施唐》92—93頁。

録文：①《匯編》咸亨103，第584—585頁；②《洛民》第189頁；③《新編》第5部第4册，第14330頁；④《補遺》第5輯，第171頁。

綜合：《匯編附考》第8册第782號，第393—396頁。

相關研究：榮新江：《安史之亂後粟特胡人的動向》，載紀宗安、湯開建主編《暨南史學》第二輯，暨南大學出版社，2003年，第102—123頁，後收入氏著《中古中國與粟特文明》，生活·讀書·新知三聯書店，2014年，第79—113頁。

【録文】

唐故夫人史氏墓志銘并序／

夫人史氏，鄴人。原夫靈嶠分峰，聳崇天而架迴；鴻源控液，／揭厚地以疏瀾。是以起導漳漪，建芳名于漢日；警崇魚瀲，／馳美譽于齊庭。弈葉布于詳圖，冠冕飛于簡册。祖訶，隋陳／州刺史。器宇祥整，風度淹弘。理人諧五袴之哥，濟俗合兩／岐之咏。父仁，朝議郎。文峰迴秀，藻五色以霞明；筆海淵深，／乘九奏而含韵。惟夫人桂苑流芳，蘭叢引馥，赤星合照，素／魄連華。總四德而含貞，均六行而齊美。至于崇遵釋教，傾／信首于法城，標覺蕊于情原，絢心花于意樹。豈謂月靈落／照，星務沉輝，鸞鏡虛明，神儀遽遠。春秋五十三，以咸亨五／年正月廿五日終于嘉善之里。哀子敬忠等，望風樹而摧／軫，泣寒泌以傷神。以其年歲次甲戌二月辛巳朔廿九日／己酉葬于邙山之陽。敬叙芳德，其詞云爾：／

岩岩遠岫，浩浩長源。昆山玉類，漢水珠泉。干天秀峙，帶地／資川。簪纓繼踵，冠冕仍傳。其一 □秀①，月魄資靈。德容早備，柔／順夙成。仁周地義，孝盡天經。其二 □閱川不駐，過隙恒馳。洛／濱化雪，巫嶺雲移。空傳椒誦，徒緝蘋詩。始辭人里，終結泉／悲。其三／

隴雲朝□，谷霧宵昏。風吟古木，鳥思荒墳。草深霜遍，烟上／山門。惟此貞石，芳音永□（存）②。□（其）□（四）③／

---

①「秀」句疑脱三字。

②「存」字據《匯編》《新編》《補遺》補。

③「其四」二字據《北圖》、《隋唐》洛陽卷第5册、《施唐》等圖版所補。

夫譽於齊庭弈棊游於洋[illegible]冠冕飛於犢册[illegible]陪
剌史器宇崖勁風度淹和理以詣五禮之[illegible]倫合
之詠文仁朝議郎文[illegible]迴秀藻五色以霞韵華海潤
允奏而含韻惟大人桂苑流芳蘭葉孔馥[illegible]星含昭
建華總迴憶而含貞均以行而齊美登於[illegible]遵釋教
自於法城標覺葉於情源詢心於[illegible]意樹[illegible]禪丹要
生務沉輝鸞鏡匣眼神儀邃遂奄於五十三以咸亨
亡圓世五又務於嘉善之里哀子毅忠等望風樹而
[illegible]寬紱[illegible]傷神以其年歲次甲戌二月辛巳朔廿九
曰[illegible]於[illegible]之陽敦叙芳德其詞云爾
嚴[illegible]潛[illegible]長源昆山玉潁漢水珠泉千天秀[illegible]帶
川簪纓繼踵冠冕仍傳其秀月魄資靈德容早備
風成仕周地義孝盡天經其閨以不驕過彈巨馳

〇九 大唐故康君夫人曹氏墓志銘

大唐故康君夫人曹氏墓誌銘并序
夫人曹氏者沛郡譙人也漢相曹參之後寔當塗之
苗胤元勳上將暉映一時代載羽儀聲流萬祖禁
提同上大將軍父岵沙隨任勝州都督且文且武不
絕於本朝光後光前無隔於今古夫人漸潤藍田溢
芳蘭畹貞順閑雅令範端詳受訓公宮作嬪嘉室四
德周備六行齊驅整肅閨門實惟和睦喜慍不形於
色稟自生然榮悴不改於懷志荷天性孝同梁婦節
以義姑撫育深仁恩流中外所冀慈雲潤趾慧日澄
神如山之壽未終遊岱之期斯及忽以儀鳳二年十
月五日卒於私第春秋八十有五還以其年十一月
廿六日權殯於邙山嗣子處祐集蓼莪懷結終身之
痛恐英聲代遠斬板鎖美紀德幽扃遺芳無弥其銘
曰
荊山壁潤漢水珠明照途無兩價重連城有美良對
比質均名譽流閨閫守義居貞其一隙駒飄忽逝水驚
潮地懸銅雷帳結輕綃旌揚河汭襟轉山樹風悽暮
鐸響切晨簫其二泉沒雙劍林棲耦鶴塵飛素貫蟻還
丹慕千古易終九原難作痛慈顏之永詞悲幼子而
何託
儀鳳二年十一月

【解題】

墓志于1927年冬出土于洛陽北陳莊，原石現藏河南省洛陽市新安縣千唐志齋博物館。[1]拓片長57厘米，寬56.5厘米。志文20行，滿行20字，正書，撰者、書者、刻石者不詳。紋飾不詳。有欄綫。館藏拓片字口清晰，較《千唐》圖版拓工更精善，幾無殘泐之處。

康君夫人曹氏（593—677），墓志追攀爲沛郡譙人，然而墓志記載曹氏的祖父曹樊提爲北周將軍，父曹毗沙任隋勝州都督，姓名風格帶有明顯的粟特人風格，且爲武將世家，加之其夫姓康，無疑屬于粟特人内部通婚。曹氏育有嗣子康處哲。曹氏于儀鳳二年（677）十月五日卒于私第，春秋八十有五，同年十一月二十六日葬于邙山。

① 參見《洛陽出土石刻時地記》，大象出版社，2005年，第151頁。

【參考資料】

圖版：①《北圖》第16册，第65頁；②《隋唐》洛陽卷第6册，第10頁；③《千唐》第305頁；④《洛絲》第131頁。

録文：①《匯編》儀鳳011，第633頁；②《新編》第5部第4册，第14385頁；③《補遺》第2輯，第266—267頁；④《洛民》第321頁。

綜合：①《匯編附考》第9册第874號，第219—221頁；②《撒馬爾干》第120頁。

相關研究：①向達：《唐代長安與西域文明》，哈佛燕京出版社，1933年，商務印書館2017年再版；②劉惠琴、陳海濤：《從通婚的變化看唐代入華粟特人的漢化——以墓志材料爲中心》，《華夏考古》2003年第4期，第55—61頁，後收入兩氏著《來自文明十字路口的民族——唐代入華粟特人研究》，商務印書館，2006年，第377—386頁。

【録文】

大唐故康君夫人曹氏墓志銘并序／

夫人曹氏者，沛郡譙人也。漢相曹參之後，實當塗之／苗胤。元功上將，暉映一時；代載羽儀，聲流万葉。祖樊／提，周上大將軍；父毗沙，隋任勝州都督。且文且武，不／絶于本朝；光後光前，無隔于今古。夫人漸潤藍田，滋／芳蘭畹，貞順閑雅，令範端詳，受訓公宮，作嬪嘉室，四／德周備，六行齊驅，整肅閨門，實惟和睦。喜怒不形于／色，禀自生然；榮悴不改于懷，正符天性。孝同梁婦，節／比義姑，撫育深仁，恩流中外。所冀慈雲潤趾，慧日澄／神，如山之壽未終，游岱之期斯及。忽以儀鳳二年十／月五日卒于私第，春秋八十有五。還以其年十一月／廿六日權殯于邙山。嗣子處哲，集蓼疚懷，結終身之／痛，恐英聲代遠，斬板銷夷，紀德幽扃，遺芳無殄。其銘／曰：／

荆山璧潤，漢水珠明。照逾兼兩，價重連城。有美良淑，／比質均名。譽流閨閫，守義居貞。其一 隙駒飄忽，逝水驚／潮。池懸銅雷，悵結輕綃。旌楊河汭，葆轉山椒。風凄暮／鐸，響切晨簫。其二 泉没雙劍，林棲耦鶴，塵飛素奠，蟻游／丹幕。千古易終，九原難作，痛慈顔之永詞，悲幼子而／何托？

儀鳳二年十一月日／

人曹氏者沛郡譙人也漢相曹叅之後
胤允叨上将暉映一時代載羽儀聲流万業祖
同生大将軍父虬沙随任滕州都督且文且武
於本朝光後光前無偶於今古夫人漸潤藍田
蘭畹貞順閑雅令範端詳受訓公宫作嬪嘉室
周備六行齊驅整肅閨門實惟和睦喜怒不形
禀自生然榮悴不改於懷心符天性孝周梁婦
義姑撫育深仁恩流中外所冀慈雲潤匙慧日
如山之壽未終遊岱之期斯及忽以儀鳳二年
五日卒於私第春秋八十有五還以其年十一
六日權殯於邙山嗣子豪栝集蓼莪懷結終身
想英聲代遠斬板銷夷紀德幽扃遺芳無泯其

一〇 大唐故陪戎副尉羅府君（甑生）、夫人康氏墓志銘

【解題】

墓志于1919年出土于洛陽安駕溝村南，① 原石現藏河南省洛陽市新安縣千唐志齋博物館。拓片長51厘米，寬51.5厘米。志文25行，滿行26字，正書，撰者、書者、刻石者不詳。紋飾不詳。有欄綫，無蓋。拓片中間頂部及底部與此前出版諸圖録有相同程度的損泐，但較之《千唐》《北圖》《洛絲》《撒馬爾干》等，第6行至第12行首2字清晰可見，與《隋唐》洛陽卷第6册圖版相近。

羅甑生（596—659），陰山人，祖父羅日光，隋時任秦州都督，父親羅季樂任隋鷹揚郎將。從墓志所稱述的籍貫陰山以及羅甑生祖父任職于秦州來看，羅氏家族當來自西域地區。且從羅日光的名字來看，羅氏家族可能信仰祆教。先行研究認爲羅氏家族來自西域吐火羅國。雖然羅甑生本人并非粟特人，但他的夫人康氏（609—677）顯然是粟特地區康國的粟特人後裔，他們的婚姻屬于西域胡人之間的通婚。羅甑生、康氏夫婦後著籍洛陽，居住于章善里。本書收録的康敬本、康武通同樣居住于此。羅甑生、康氏分别于顯慶四年（659）十二月、儀鳳二年(677)二月去世，在康氏去世兩年後的調露元年(679)十月，二人合葬于北邙山。

① 參見《洛陽出土石刻時地記》，大象出版社，2005年，第154頁；《隋唐》洛陽卷第6册，第46頁。

【參考資料】

圖版：①《北圖》第16册，第114頁；②《隋唐》洛陽卷第6册，第46頁；③《千唐》第321頁；④《洛絲》第174頁。

録文：①《匯編》調露016，第662—663頁；②《新編》第5部第4册，第14414頁；③《補遺》第2輯，第274—275頁；④《洛民》第256頁。

綜合：①《匯編附考》第9册第891號，第407—410頁；②《撒馬爾干》第37頁。

相關研究：①向達：《唐代長安與西域文明》，哈佛燕京出版社，1933年，商務印書館2017年再版；②劉銘恕：《洛陽出土的西域人墓志》，載洛陽市地方史志編纂委員會辦公室編《洛陽——絲綢之路的起點》，中州古籍出版社，1992年，第204—213頁；③榮新江《北朝隋唐粟特人之遷徙及其聚落補考》，載余太山、李錦繡主編《歐亞學刊》第6輯，中華書局，2007年，第165—178頁，後修訂收入氏著《中古中國與粟特文明》，生活·讀書·新知三聯書店，2014年，第22—41頁；④毛陽光：《中亞移民與唐代洛陽城市生活》，載鄧永儉編《河洛文化與閩臺文化》，河南人民出版社，2008年，第693—702頁；⑤畢波：《中古中國的粟特胡人——以長安爲中心》，中國人民大學出版社，2011年；⑥馮培紅：《絲綢之路隴右段粟特人蹤迹鈎沉》，《浙江大學學報》（人文社會科學版）2016年第5期，第54—70頁。

【録文】

大唐故陪戎副尉羅府君墓志銘并序／

公諱甑生，陰山人也。昔賈誼騰聲，不階七命之重；終軍誕秀，豈叱六／極之光。雖名擅國華，地殊人望，尚延悲于當代，永貽恨于終古。矧夫／家承閥閱，代茂簪裾，松柏成行，芝蘭克嗣，存諸圖諜，詎煩□（覼）①縷。／

祖日光，□（隨）②任秦州都督，謚曰盤和。公山川通氣，珪璧凝姿，天優其才，／人濟其美。滔滔不測，若江海之納川流；岩岩高峙，若山岳之□厚地。／父季樂，隋鷹楊郎將。竹符花綬，絳節琱輿，寵冠百城，威隆四鎮。公□／胄清華，□庭禮讓。天經地義，温清葉于無方；共寢同蔬，邕穆施于有／政。情忘□（寵）③辱，志逸江湖。縱偃止文場，棲遲筆海。浮雲名利，不從羈束④／之勞。□□林亭，自得逍遥之致。起家秦王左右陪戎副尉，□□預⑤□／于丹□，鏡知止于青編。脱落微班，優游衡泌。悲夫。四游揮忽，千□倏伸⑥。／香□（號）⑦返

---

①『覼』字據《補遺》補。
②『随』字據《匯編附考》補。
③『寵』字據《匯編附考》補。
④『束』字《匯編》《新編》《補遺》闕文，察拓片殘筆，當作『束』字。
⑤『預』字《匯編》《新編》《補遺》闕文，察拓片殘筆，似作『預』字。
⑥『伸』字《匯編》《新編》《補遺》闕文，察拓片殘筆，似作『伸』字。
⑦『號』字據《補遺》補。

魂，居然莫致。藥稱不死，竟是空言。顯慶四年十二月□（十）①三日／終□私第，春秋六十有四。夫人康氏，幼貽門範，得規矩于自然。夙彈②／□□，□（詳）③婉順于天性。貞襟霜净，秀質霞開。何言逝水淪波，悲泉落照④。／□恒⑤娥之竊藥，攀月桂而忘歸。類弄玉之登仙，奏風簫而永去。以儀／鳳二年二月終于章善里宅，春秋六十有九。以調露元年十月廿三／日合葬于河南堺北邙之⑥禮也。子神苻等，茹荼銜恤，援柏凝哀，恐天／長地久，邈矣攸哉，式鐫貞琬，光昭夜臺。其詞曰：／

業延家慶，門彩孕庭。代稱領袖，門擅簪裍。陶甄地義，隱括天倫。逸韵／飈竪，清暉日新。其一天地不仁，神心多忍。四序寧借，百齡□盡。愚智同／域，彭殤齊軫。詎偶大椿，言從朝菌。其二猗歟淑媛，契合絲緡。展敬蘋藻／，施工組紃。德被九族，恩沾六姻。操凌竹柏，潤葉瑶珉。其三眇眇造化，茫／茫區域。短景易窮，浮生有極。夜川不□，朝霞誰食。洛浦雲銷，巫山雨／息。其四沉暉不駐，閲水徒驚。空餘響像，非復生平。霜飛幽隧⑦，月昭空塋。／式鐫貞琬，方傳頌聲。其五／

洛州偃師縣人也／

①『十』字據《補遺》補。
②『彈』字《匯編附考》作『挺』，察拓片殘筆，似作『彈』字。
③『詳』字據《匯編附考》補。
④『照』字，《匯編》《新編》《補遺》作『華』，細審拓片殘筆，似當作『照』字。
⑤『恒』字《匯編》《新編》《補遺》闕文，察拓片殘筆，似作『恒』字。
⑥『之』字下當闕一字。
⑦『隧』字，《匯編》《新編》《補遺》作『墜』，《匯編附考》作『隧』，審拓片殘筆字口，考上下文意，當作『隧』。

一一　唐故安君（神儼）、夫人史氏墓志銘

唐故安君墓誌銘并序
君諱神儼河南新安人也原夫吹律命系肇跡姑臧因土
分枝建旗强魏英賢接武光備管弦祖君恪隨任永嘉府
鷹陽父德左屯衛別將並風格遒遠清猷載穆爪牙之任
實擅於五營幹略之能威加於七萃公稟和交泰感質貞
明志局開朗心神警發在惠之道資訓自天孝友之方無
假因習鎖聲幽藪晦跡山池嘯傲於林泉優遊於里閈不
以夷險易操不以利害變情邁暮年彩忽瀍沈痾兩楹入
夢二竪爲災藥物無施奄從風燭以調露二年正月廿六
日卒於嘉善里之私第春秋五十有八夫人史氏承懿方
池蘊資圓水貞順閑雅令範端莊受訓公宮偶茲嘉室俄
潛月浦奄翳丞山以咸亨五年正月廿五日終焉長逝春
秋五十有三還以調露二年二月廿八日合祔於邙山嗣子
敬忠集慕遂心結終身之痛悲夜臺之難曙嗟白日之長
詞略銓德行乃爲銘曰
列土姑臧分枝元魏乃祖乃考爲將爲帥累德基仁行摽
忠義代襲衣冠見稱閭里其一惟君沉靜不規名利蘭桂摛
遲[illegible]遂仁智心依泉石志懷經史操慕松筠交希淡水其二
隙[illegible]飄忽風樹難停遽從運往俄掩泉扃痛兩劍之歸匣
悲雙鶴之遊庭既返真於太漠雅合符於道情其三
調露二年二月廿八日

【解題】

墓志出土于河南省洛陽市，具體時間不詳，原石現藏于開封博物館。志石高53.5厘米、寬54厘米。志文21行，滿行22字，正書，撰者、書者、刻石者不詳。紋飾不詳。有欄綫，無蓋。通過與《北圖》《隋唐》《洛絲》等書圖版比較，可知館藏本爲早期拓片，拓工亦善。

安神儼（623—680），河南新安人。根據志文，安神儼家族來自西域，後遷徙至武威。武威安氏是唐代安姓粟特人常見的郡望，在北魏時遷至河南新安，遂稱貫認籍于此。其祖父安君恪曾任隋永嘉府鷹陽，父安德爲左屯衛別將，俱爲武職，即銘文所謂『乃祖乃考，爲將爲帥』，這是入華粟特人的一種傳統。不過，他本人未曾仕宦，『心依泉石，志懷經史，操慕松筠，交希淡水』，終身未曾解褐，『晦迹山池，嘯慠于林泉，優游于里閈』。安神儼與妻子史氏合葬，史氏育有嗣子安敬忠。史姓亦是昭武九姓之一，由此基本可以確定他們的婚姻是粟特人内部的聯姻。妻子史氏去世于咸亨五年（674）正月二十五日，安神儼則于調露二年（680）正月二十六日卒于洛陽嘉善里私第，同年二月二十八日與夫人合葬邙山，在今河南省洛陽市城北。

【參考資料】

圖版：①《唐宋》198，第288頁；②《北圖》第16册，第121頁；③《隋唐》洛陽卷第6册，第51頁；④《曲石》第5號；⑤《洛絲》第119頁。

録文：①《匯編》調露024，第669頁；②《新編》第5部第4册，第14418頁；③《補遺》第3輯，第449頁；④《洛民》第218頁。

綜合：《匯編附考》第10册第901號，第1—3頁。

相關研究：①向達：《唐代長安與西域文明》，哈佛燕京出版社，1933年，商務印書館2017年再版；②章群：《唐代的安、康兩姓》，載黄約瑟編《港臺學者隋唐史論文精選》，1990年，三秦出版社，第43—54頁；③李鴻賓：《唐代墓志中的昭武九姓粟特人》，《文獻》1997年第1期，第121—134頁，後收入氏著《隋唐五代諸問題研究》，中央民族大學出版社，2006年，第71—86頁；④吴玉貴：《凉州粟特胡人安氏家族研究》，載榮新江主編《唐研究》第三卷，北京大學出版社，1997年，第295—338頁；⑤榮新江：《安史之亂後粟特胡人的動向》，載紀宗安、湯開建主編《暨南史學》第二輯，暨南大學出版社，2003年，第102—123頁，後收入氏著《中古中國與粟特文明》，生活·讀書·新知三聯書店，2014年，第79—113頁；⑥劉惠琴、陳海濤：《從家世淵源觀念的變化看唐代入華粟特人的漢化》，載《魏晋南北朝隋唐史資料》第20輯，第145—154頁，後收入二氏著《來自文明十字路口的民族——唐代入華粟特人研究》，商務印書館，2006年，第411—425頁；⑦陳國燦：《河西胡人的聚居和火祆教》，載田澍、李清凌主編《西北史研究》第三輯，2005年，天津古籍出版社，第465—485頁；⑧畢波：《中古中國的粟特胡人——以長安爲中心》，中國人民大學出版社，2011年。

【録文】

唐故安君墓志銘并序／

君諱神儼，河南新安人也。原夫吹律命糸，肇迹姑臧，因土／分枝，建旟强魏，英賢接武，光備管弦。祖君恪，隋任永嘉府／鷹陽；父德，左屯衛别將。并風格遐遠，清猷載穆。爪牙之任，／實擅于五營；幹略之能，威加于七萃。公禀和交泰，感質貞／明，志局開朗，心神警發。仁惠之道，資訓自天；孝友之方，無／假因習。銷聲幽藪，晦迹山池，嘯傲于林泉，優游于里閈。不／以夷險易操，不以利害變情。齒暮年移，忽瘿沉痼，兩楹入／夢，二豎爲灾，藥物無施，奄從風燭。以調露二年正月廿六／日卒于嘉善里之私第，春秋五十有八。夫人史氏，承懿方／池，藴資圓水，貞順閑雅，令範端詳。受訓公宫，偶兹嘉室。俄／潜月浦，奄翳巫山，以咸亨五年正月廿五日倏焉長逝，春／秋五十有三。還以調露二年二月廿八改祔于邙山。嗣子／敬忠，集蓼迷心，結終身之痛，悲夜臺之難曙，嗟白日之長／詞①，略銓德行，乃爲銘曰：／

列土姑臧，分枝元魏。乃祖乃考，爲將爲帥。累德基仁，行標／忠義。代襲衣冠，見稱閭里。其一 惟君沉靜，不規名利。蘭杜栖／遲，逍遥仁智。心依泉石，志懷經史。操慕松筠，交希淡水。其二／隙駒飄忽，風樹難停，遽從運往，俄掩泉扃。痛兩劍之歸匣，／悲雙鶴之游庭。既返真于土壤，雅合符于道情。其三／

調露二年二月廿八日／

①「詞」字訛，當作「辭」。

一二

唐故何君（摩訶）墓志銘

唐故何君墓誌銘并序
君諱摩訶字迦其先東海郯人也因官遂居姑
臧[illegible]之鄉原六合章疑芳根清規漢朝頤
學德[illegible]奇聲於魏闕其後珪璋疊映孔棘騁
[illegible]家素可書言矣曾祖陪[illegible]爲驃騎七札
[illegible]祖[illegible]梁元授尉六奇在念文武隨授儀同
[illegible]寫月隔[illegible]飛星惟君不以冠纓在念軒冕
留心[illegible]標定水之前棲志[illegible]之上不謂莊聲
要舟孔川流箭俄見山[illegible]之禍終聞屬纊之悲
與善無徵夜臺奄及以調露二年二月十六日
遺疾卒於洛陽界嘉善之私第也春秋五十有
一以其年二月廿八日窆於北邙之山平樂之
禮也所惡田成碧海地變蒼[illegible]故勒泉碑乃爲
銘曰
黄河東逝白日西流百年[illegible]及駟馬悲心幽泉
長夜松柏清音歎時易往痛結難任
調露二年二月廿八日鎸

【解題】

墓志于1928年6月出土于洛陽徐村北，原石現藏于河南省洛陽市新安縣千唐志齋博物館。[①] 拓片長48厘米，寬49厘米。志文18行，滿行17字，正書。此墓志過往所見拓片圖版文字多爲石花所泐，或四周部分難以辨認，館藏拓片字口清晰可見。

何摩訶（630—680），字迦，史籍未見記載。根據墓志，其家族爲武威姑臧人，曾祖、祖父皆爲武官：曾祖何贍，在齊時爲驃騎；祖父何陁，梁元帝時爲校尉。父何底，隋時授儀同。但何摩訶本人篤信佛教，終身未仕，墓志記載『惟君不以冠纓在念，軒冕留心，懲襟定水之前，栖志禪林之上』。由何陁曾仕宦蕭梁，可推測其家族或與聚居四川、同樣仕蕭梁的何妥家族相關，屬于粟特人後裔，這一點從何摩訶的名字可以得到再次印證，『摩訶』意爲『大』，『伽』意爲首領，其名字的意思便是『一方之長』。調露二年（680）二月十六日，何摩訶卒于洛陽界嘉善之私第，同年二月二十八日葬于北邙山平樂鄉。

① 參見《洛陽出土石刻時地記》，大象出版社，2005年，第155頁。《隋唐》洛陽卷第6册稱原石藏于開封博物館，參見該書第52頁。

【參考資料】

圖版：①《北圖》第16册，第122頁；②《隋唐》洛陽卷第6册，第52頁；③《千唐》第325頁；④《洛絲》第142頁。

録文：①《匯編》調露025，第670頁；②《新編》第5部第4册，第14419頁；③《補遺》第2輯，第276頁；④《洛民》第240頁。

綜合：《匯編附考》第10册第902號，第5—7頁。

相關研究：①榮新江：《安史之亂後粟特胡人的動向》，載紀宗安、湯開建主編《暨南史學》第二輯，暨南大學出版社，2003年，第102—123頁，後收入氏著《中古中國與粟特文明》，生活·讀書·新知三聯書店，2014年，第79—113頁；②葛承雍：《中亞粟特胡名『伽』字考證》，載《綿亘萬里長：交流卷》，生活·讀書·新知三聯書店，2019年，第267—276頁；③李健超《漢唐時期長安、洛陽的西域人》，載《漢唐兩京及絲綢之路歷史地理論集》，三秦出版社，2006年，第440—479頁；④李喬：《粟特人的祖先認同變遷——以洛陽出土墓志爲中心的考察》，載趙令志編《民族史研究》第十五輯，中央民族大學出版社，2019年，第1—18頁。

【録文】

唐故何君墓志銘并序／

君諱摩訶，字迦。其先東海郯人也，因官遂居姑／臧太平之鄉。原夫含章挺秀，振清規于漢朝；碩／學標奇，展英聲于魏闕。其後珪璋疊映，槐棘駢／陰，詳諸篆素，可略言矣。曾祖瞻，齊爲驃騎，七札／居心。祖陁，梁充校尉，六奇在念。父底，隋授儀同，／彎弧寫月，矯矢飛星。惟君不以冠纓在念，軒冕／留心，懲襟定水之前，栖志禪林之上。不謂莊壑／遷舟，孔川流箭，俄見止隅之禍，終聞屬纊之悲。／與善無徵，夜臺奄及。以調露二年二月十六日／遘疾卒于洛陽界嘉善之私第也，春秋五十有／一。以其年二月廿八日窆于北邙之山，平樂之①，／禮也。所恐田成碧海，地變蒼山，故勒泉碑，乃爲／銘曰：／

黄河東逝，白日西沉。百年未及，駟馬悲心。幽泉／長夜，松柏清音。嘆時易往，痛結難任。／

調露二年二月廿八日鐫／

①『之』字後墓志脱一字。

識□王之鄉原夫會章挺秀根清規□漢朝
學□奇展英聲於魏闕其後珪璋疊映槐棘
□□諸家素可略言矣曾祖臨齊爲驃騎七
君□祖延梁元掖尉六奇在念文底隨橫儀
繼孫寫月窗矣飛星惟君不以冠纓在念軒
留心鑒襟息水之□棲志禮林之上不讀莊
遷舟孔川流前俄見山隱之福終聞屬續之
興善無徵夜臺奄及以詔露二年二月十六
遭疾卒於洛陽界嘉善之私第也春秋五十
一以其年三月廿八日窆於北邙之山平樂
遭也嘉思田戊君每也友君畫嵗勒泉碑乃

一三 大唐故游擊將軍康府君（磨伽）墓志銘

大唐故游擊將軍康府君墓誌銘并序

君諱磨伽，其先康居人也，派源於西海，因官從邑，遂家於同之河南焉。積累代，遂為雄族。自昔王作聖啓，迹於西州，夏禹摛賢，降旌東國。英不殊於中外，遂俠公集。

曾祖咸，涼州刺史。祖延，前古君子，無聞旌典。考勛，並鍾石之入幕，受中黃之正佳。人自甸服，俗尚黃連，酸萬裸寄辰，列無地物靈。

父諱廉，即居正官。惣惣師傑，果勅之後，英不殊於中外。史祖宏略，詞賦挺直，以風雷自許。朝上柱國。得乾坤之秀氣，萬里隆寄辰。

君稟奇時，珂然直以風雲自奮。走論兵之能事，風神劍彩，邁人自旬裸遊黃埋。

公意氣英靈，松珀挺秀，呈朝上柱國。得乾坤之秀氣，受中黃之正氣。人自甸，俗尚黃連。

大縣之英功，宏雲壘孤而高巘，若石陣之能城。奉命騎軍神容，恩在戎行。後為挴兵，

關之奇兵，符貞諸子聽代時一舉吳而掃龍連再戰，大樹

大軍之意功，洞七机。若石陣炊城之能事，學劍自甸，裸遊黃連。公玄女之奇，兵度捐天子詔代時，一舉吳而掃龍連，再戰功軍敘封大樹之

戰伐之英武，擒蛟拏以風雪孤。冷諸天子聽朝不踰時，一舉吳而掃龍連，再戰功軍敘封大樹之原。

公率軍而駥，果無色發言，悲小牽從日後不踰時一舉，吳而掃龍連再戰，功軍敘封大樹之

以公為擒撞，失色軍無滯日，謝其芳之如在列芝蘭之秀，有子阿樂，善之原其

韓軍迥師，柱國祭家，始悅花蕚齊旋氣，誰謂其如在乃銘藏於夜臺其詞曰

之間，而授將軍守左清道率，永時誰謂安洛州河南縣平樂之原京

海為為為奇將軍上國酬以曁之生於乃銘藏於夜臺其詞

惟九弟光樑家始悅花華旋芳之如在芝蘭之秀有子阿樂善之原京

哀泣戰顆露以衰庭生氣誰謂其如在乃銘藏夜臺其詞

寞而雲迴師栢柱國榮始悅花蕚齊旋芳之

家風祖德寶業靈根金謝玉振鳳舉鴻騫鳳高千里䇳䇳門失公

曰

集必復萬子謀孫披襟投迹棣門遠步計迷夢土承恩逃川

易代道方九原駕誰朝有時無誌命也矣言東京啓永北郊歸魂廎其

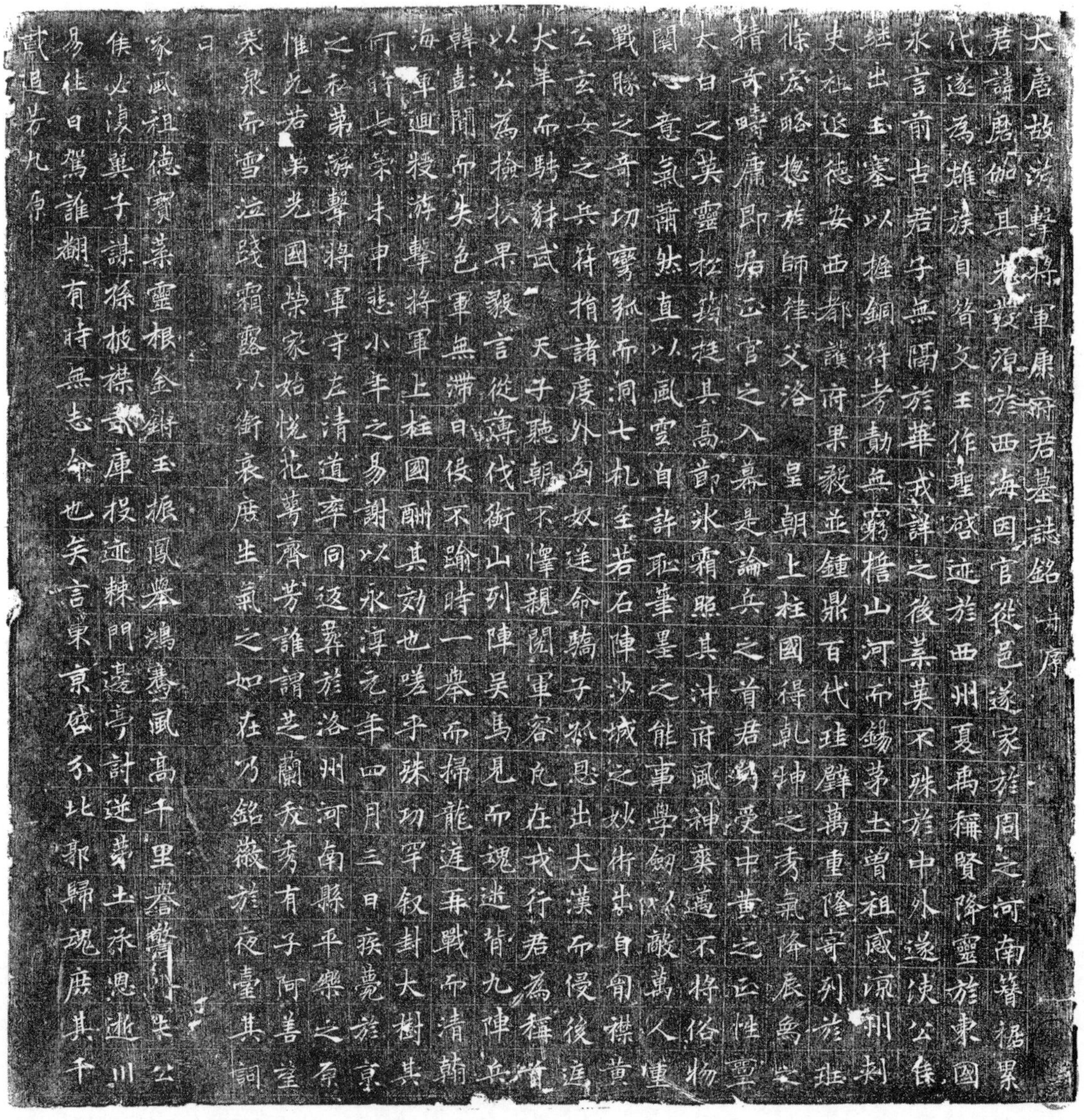

【解題】

墓志出土于河南洛陽，具體時間不詳，原石現藏開封博物館。拓片長59厘米，寬59厘米。志文25行，滿行25字，正書。有欄綫。拓片右下角有『仲嘉過眼』朱文印，由此可知此拓片曾爲碑林收藏名家段仲嘉舊藏。館藏拓片字口清晰，幾無損泐，誠爲善品。

康磨伽（？—682），根據墓志『其先發源于西海，因官從邑，遂家于周之河南，簪裾累代，遂爲雄族』，可知其家族爲粟特地區康國人後裔。曾祖康感，曾任涼州刺史；祖父康延德，曾任安西都護府果毅。這兩代人主要活動在西北地區。到了父親康洛這一代，家族始著籍河南。其家族爲武官世家，康磨伽亦不例外，其在任檢校果毅時，立下戰功，有學者根據墓志中『一舉而掃龍庭，再戰而清翰海』的描寫，推測康磨伽或是參與了攻滅西突厥的戰爭，因戰功升至游擊將軍、上柱國[1]。康磨伽與本書所收録的一四號墓志志主康留買爲兄弟關係，永淳元年（682）四月三日，康磨伽以疾薨于洛陽私第，其子康阿善及康留買之子康伏度將康磨伽、康留買兄弟一同葬于洛陽平樂鄉。根據康留買墓志，可知入窆日期在同年十月十四日。

① 參見《撒馬爾干》，第127頁。

【參考資料】

圖版：①《唐宋》第200號；②《北圖》第16冊，第177頁；③《隋唐》洛陽卷第6冊，第79頁；④《洛絲》第99頁。

録文：①《匯編》永淳013，第694—695頁；②《新編》第5部第4冊，第14445頁；③《補遺》第3輯，第454—455頁；④《洛民》第331頁。

綜合：《匯編附考》第10冊第931號，第151—154頁；②《撒馬爾干》第126—127頁。

相關研究：①程越：《從石刻史料看入華粟特人的漢化》，《史學月刊》1994年第1期，第22—27頁；②李鴻賓：《唐代墓志中的昭武九姓粟特人》，《文獻》1997年第1期，第121—134頁，後收入氏著《隋唐五代諸問題研究》，中央民族大學出版社，2006年，第71—86頁；③榮新江：《安史之亂後粟特胡人的動向》，載紀宗安、湯開建主編《暨南史學》第二輯，暨南大學出版社，2003年，第102—123頁，後收入氏著《中古中國與粟特文明》，生活·讀書·新知三聯書店，2014年，第79—113頁；④劉惠琴、陳海濤：《從家世淵源觀念的變化看唐代入華粟特人的漢化》，載《魏晋南北朝隋唐史資料》第20輯，第145—154頁，後收入二氏著《來自文明十字路口的民族——唐代入華粟特人研究》，商務印書館，2006年，第411—425頁；⑤陳國燦：《河西胡人的聚居和火祆教》，載田澍、李清凌主編《西北史研究》第三輯，2005年，天津古籍出版社，第465—485頁；⑥畢波：《中古中國的粟特胡人——以長安爲中心》，中國人民大學出版社，2011年；⑦葛承雍：《中亞粟特胡名『伽』字考證》，載《綿亘萬里長：交流卷》，生活·讀書·新知三聯書店，2019年，第267—276頁。

【録文】

大唐故游擊將軍康府君墓志銘并序／

君諱磨伽，其先發源于西海，因官從邑，遂家于周之河南，簪裾累／代，遂爲雄族。自昔文王作聖，啓迹于西州；夏禹稱賢，降靈于東國。／永言前古，君子無隔于華戎；詳之後葉，英①不殊于中外。遂使公侯／繼出，玉②塞以握銅符；考績無窮，誓山河而錫茅土。曾祖感，凉州刺／史。祖延德，安西都護府果毅。并鐘鼎百代，珪璧萬重，隆寄列于班／條，宏略總于師律。父洛，　皇朝上柱國。得乾坤之秀氣，降辰象之／精奇。疇庸即居正官之，③入幕是論兵之首。君乃受中黄之正性，稟／太白之英靈，松筠挺其高節，冰霜照其沖府。風神爽邁，不將俗物／關心；意氣蕭然，直以風雲自許。耻筆墨之能事，學劍以敵萬人；重／戰勝之奇功，彎弧而洞七札。至若石陣沙城之妙術，出自胸襟；黄／公玄女之兵符，捐諸度外。匈奴逆命，驕子孤恩，出大漢而侵後庭，／犬④羊而騁豺武。　天子聽朝不懌，親閱軍容，凡在戎行，君爲稱首。／以公爲檢校果毅，言從薄伐。銜山列陣，吴馬見而魂迷；背九陣兵，／韓彭聞而失色。軍無滯日，役不逾時，一舉而掃龍庭，再戰而清翰／海。軍迴，授游擊將軍上柱國，酬其效也。嗟乎！殊功罕叙，封大樹其／何時；長策未申，悲小年之易謝。以永淳元年四月三日疾薨于京／之私第。游擊將軍守左清道率同返葬于洛州河南縣平樂之原。／惟兄若弟，光國榮家，始悦花萼齊芳，誰謂芝蘭夭秀。有子阿善，望／寒泉而雪泣，踐霜露以銜哀，庶生氣之如在，乃銘徽于夜臺。其詞／曰：／

家風祖德，寶葉靈根。金鏘玉振，鳳舉鴻騫。風高千里，譽警八屯。公／侯必復，翼子謀孫。披襟武庫，投迹棘門。邊亭討逆，茅土承恩。逝川／易往，日駕誰翻。有時無志，命也矣言。東京啓分，北郭歸魂。庶其千／載，追芳九原。／

---

①『英』字後疑脱一字。
②『玉』字前疑脱一字。
③志文倒亂，『正官之』三字當作『官之正』。
④『犬』字前疑脱一字。

一四　大唐故游擊將軍守左清道率頻陽府長上果毅康府君（留買）墓志銘

【解題】

墓志出土于河南，具體時間不詳，原石現藏開封博物館。拓片長59厘米，寬59厘米。志文27行，滿行27字，正書，撰者、書者、刻石者不詳。紋飾不詳。有欄綫。

康留買（?—682），河南人。墓志稱他『本即西州之茂族，後因錫命，遂爲河南人焉』，可知康留買家族亦是來自西域的粟特人。這一點從康氏家族世守武職亦可證明。曾祖康感，曾任凉州刺史；祖父康延德，任安西都護府果毅；父康洛，亦被授予上柱國的勛官。康留買本人亦是如此，曾因在對突厥戰爭中的軍功被詔授游擊將軍守左清道率頻陽府果毅，後又擔任長安宫城北門長上。因而墓志中寫『將相有門，藴雄姿而命代』來誇耀康氏一門的武功。另外，駱賓王《兵部奏姚州破逆賊諾没弄楊虔柳露布》①曾記載永徽五年（654）時，康留買任右威衛龍西府果毅都尉，作爲先鋒平定洱海地區陽瓜州刺史蒙儉叛亂的事迹。康留買與本書所收録一三號墓志志主康磨伽爲兄弟關係。康留買以永淳元年（682）七月十七日構疾，薨于洛陽，同年十月十四日，其子康伏度與康磨伽之子康阿善將兄弟二人合葬于河南平樂原。

①文載《文苑英華》卷六四七。

【參考資料】

圖版：①《北圖》第16册，第176頁；②《隋唐》洛陽卷第6册，第78頁；③《洛絲》第99頁。

録文：①《匯編》永淳013，第693—694頁；②《新編》第5部第4册，第14444頁；③《補遺》第3輯，第387頁；④《洛民》第329頁。

綜合：①《匯編附考》第10册第933號，第161—164頁；②《撒馬爾干》，第124—125頁。

相關研究：①程越：《從石刻史料看入華粟特人的漢化》，《史學月刊》1994年第1期，第22—27頁；②李鴻賓：《唐代墓志中的昭武九姓粟特人》，《文獻》1997年第1期，第121—134頁，後收入氏著《隋唐五代諸問題研究》，中央民族大學出版社，2006年，第71—86頁；③榮新江：《安史之亂後粟特胡人的動向》，載紀宗安、湯開建主編《暨南史學》第二輯，暨南大學出版社，2003年，第102—123頁，後收入氏著《中古中國與粟特文明》，生活·讀書·新知三聯書店，2014年，第79—113頁；④劉惠琴、陳海濤：《從家世淵源觀念的變化看唐代入華粟特人的漢化》，載《魏晋南北朝隋唐史資料》第20輯，第145—154頁，後收入二氏著《來自文明十字路口的民族——唐代入華粟特人研究》，商務印書館，2006年，第411—425頁；⑤陳國燦：《河西胡人的聚居和火祆教》，載田澍、李清凌主編《西北史研究》第三輯，2005年，天津古籍出版社，第465—485頁；⑥畢波：《中古中國的粟特胡人——以長安爲中心》，中國人民大學出版社，2011年。

【録文】

大唐故游擊將軍守左清道率頻陽府長上果毅康府君墓志銘并序／

粤若漢圖方運，西河稱有地之君；晋祚中微，東洛竊非常之號。豈如聲／高十角，名官分聖政之朝；氣擁三邊，冠冕列　皇唐之代。猗歟！盛歟！信／康君之謂矣。公諱留買，本即西州之茂族，後因錫命，遂爲河南人焉。曾／祖感，凉州刺史；祖延德，安西都護府果毅；父洛，　皇朝上柱國。并風格／秀整，岳峙川渟，分寵寄于銅符，表奇才于鐵騎。窮通有數，多違萬里之／心；時命難并，終同百夫之長。公珪瓚積慶，負閑氣以挺生；將相有門，蘊／雄姿而命代。耻爲雌伏，志在雄飛。傾意氣以接權豪，懷功名而重書劍。／皇家受匈奴背德，負地險以傲靈誅，悖天常而悉惠化，召遂投觚出將，／振甲臨戎，羽騎飆馳，髦頭霧集。玉版金滕之術，出自于中襟；三宫七舍／之圖，捐之于後殿。掃雞林而捨遺卵，觜距無施；窮瀚海而斬巨鯨，郡飛／自息。旋師反旆，獻捷之京。　詔授游擊將軍守左清道率頻陽府果毅／北門長上。載加榮命，頻降璽書，聲實冠于五營，問望同于四友。嗚呼！山／河茅土，方申大樹之榮；霧露沉屙，遽見乘箕之化。以永淳元年七月十／七日構疾，薨于洛陽之第，即以其年十月十四日，歸窆于河南平樂之／原。惟公星芒誕曜，岳秀資神，磊落多异材，綢儻負奇節。托危魂于白刃，／本自輕生；效忠款于丹誠，終期報國。紫關迢遞，蹔喜生還；玄扈丘墟，旋／悲返葬。有子伏度，棘心柴毁，載傷追遠之情；莪皃欒形，用結終身之痛。／以爲日來月往，終迷壯士之墳；海變山藏，誰辯將軍之墓。爰雕翠石，式／叙鴻規，其文曰：

　瞻慶源之淼淼，紹芳緒之綿綿。勝氣雄于十角，雅望／重于三邊。或班名于左次，或委質于中權。珪璋特達，纓冕蟬聯。應千齡／之寶契，降五百之英賢。識公侯之必復，知玉帛之斯傳。擢七載于樟浦，／照五色于藍田。伊匈奴之背德，構逆迹而無悛。天子有命，君其出焉。關／西餘勇，塞北旌旃。决勝逾于百戰，制敵同于萬全。碎轒轀于朔野，静□／升于祁連。橐周兵而整衆，罷漢卒以言旋。職惟再徙，榮高五遷。何輔仁／之空設，嗟報施之徒愆。修文從于地下，京兆歸于上天。庶清規之未昧，／顧翠石以長鎸。／

一五　大周故陪戎副尉安府君（懷）、夫人史氏墓志銘

【解題】

墓志 1936 年冬出土于洛陽安駕溝村，原石現藏河南省洛陽市新安縣千唐志齋博物館。[1] 拓片長 59 厘米，寬 59 厘米。志文 24 行，滿行 23 字，共 505 字，有武周新字數个，正書，撰者、書者、刻石者不詳。紋飾不詳。通過與《北圖》《隋唐》《洛絲》等圖版比較，可知館藏拓片爲早期傳拓，能補諸圖版漫漶不清之處甚夥。

安懷（631—683），字道，河西張掖人。曾祖安朗，北周時爲甘州司馬。祖父安智，隋朝爲洛川府左果毅。父親安曇度，唐朝爲文林郎，由傳統的武將轉爲文散官。不過，安懷本人擔任過武周朝陪戎副尉，仍是傳統的武職。夫人史氏（630—693），隴西城紀人，其先祖史陁，爲唐朝揚州新林府車騎將軍、呼論縣開國公，即本書〇三號《大唐故呼論縣開國公新林府果毅□（史）陁墓志銘》墓主史陁。其父史師，爲唐朝左驍衛。從二人的姓氏、父祖的名稱可知二人是粟特人後裔内部通婚。安懷以永淳二年（683）七月廿三日遘疾，同年八月十二日，終于思順坊之第。夫人以長壽二年（693）七月二日，終于履信坊之第，同年八月三日與安懷合葬于北邙山原合宫縣平樂鄉界王晏村西。本書〇五號《大唐康氏故史夫人墓志銘》志主爲史氏祖父史陁的另一孫女。

① 參見《洛陽出土石刻時地記》，大象出版社，2005 年，第 174 頁。《隋唐》洛陽卷第 7 册云出土于『孟津縣朝陽村』。

【參考資料】

圖版：①《隋唐》洛陽卷第 7 册，第 21 頁；②《千唐》第 407 頁；③《洛絲》第 120 頁。

録文：①《匯編》長壽 019，第 845 頁；②《新編》第 5 部第 4 册，第 14598 頁；③《補遺》第 2 輯，第 325 頁；④《洛民》第 219 頁。

綜合：《匯編附考》第 12 册第 1137 號，第 197—201 頁。

相關研究：①毛陽光：《洛陽新出土唐代粟特人墓志考釋》，《考古與文物》2009 年第 5 期，第 75—80 頁；②趙振華：《唐代粟特人史多墓志初探》，《湖南科技學院學報》2009 年第 11 期，第 79—82 頁；③榮新江：《新出石刻史料から見たソグド人研究の動向》，《関西大學東西學術研究所紀要》第四十四輯，第 121—151 頁；④畢波：《中古中國的粟特胡人——以長安爲中心》，中國人民大學出版社，2011 年；⑤羅豐、謝泳琳：《三方粟特人墓志考釋——兼論唐代洛陽粟特人的婚姻與居地》，載杜文玉主編《唐史論叢》第三十五輯，三秦出版社，2022 年，第 145—168 頁。

【録文】

大周故陪戎副尉安府君夫人史氏合葬墓志銘并序／

君諱懷，字道，河西張掖人也。祖隋朝因宦洛陽，遂即家焉。曾／祖朗[1]，前周任甘州司馬。風才温雅，識理詳明。郊無狼顧之人，／郡絶[2]梟鳴之吏。祖智，隋任洛川府左果毅。勇冠三軍，氣雄一／代[3]，弓[4]彎落雁，矢發啼猨。撫育三軍，嘗無一怨，致果爲毅，其即／是焉[5]。父曇度，既屬隋季亂離，聊生莫逮，爰失覆蔭。唐運克昌，／鄉縣[6]里閭，耆舊稱鳶，唐朝任文林郎，非其好也。君智宇温雅，／器局冲和，不怡不惠，沉浮任俗，己長靡説，他短匪揚。但以生／處[7]太平，咸須有職，蒙授陪戎副尉。加以門垂五柳，非唯彭澤／之家；室醖千鍾，豈獨季倫之第。以永淳二年七月廿三日遘／疾。祈天禱地，靈祁紀覆護之能；餌藥針石，秦緩揖童衣之疹。／□以其年八月十二日，終于思順坊之第，春秋五十有三。夫／人史氏，隴西城紀人也。靈源淼淼，鏡德水之澄[8]清；崇構峨峨[9]，／冠岱宗之峻極。祖盤陁，唐任揚州新林府車騎將軍、呼侖縣／開國公。父師，唐朝左□衛。夫人三從雅順，四德妙閑，實婦禮／之堤[10]防，信女師之軌則。幼失嚴父，長喪慈親，早適安門，作嬪／君子，義夫節婦，□古莫稱，積善無徵，奄從窀穸。以長壽二年／七月二日，終于履信坊之第，春秋六十有四。嗣子長齡等，循／陔擗手，望樹崩心，知滅性之非仁，識蒸嘗之是孝，即以其年／八月三日，合葬于北邙山原合宫縣平樂鄉界王晏村西，禮／也。恐陵谷遷質，灰琯飛馳，爰命下愚，式昭幽壤。其詞曰：／

岱岳青松，湘川緑竹。一沉灰燼，有同衰菊。其一 隴秋風急，山静／人疏。雙魂瘞壤，只月懸虛。其二／

長壽二年八月三日合葬記焉／

①「朗」字以往録文均作「朝」，據館藏拓片，當作「朗」字。
②「郡絶」二字《匯編》《新編》《補遺》闕文，據館藏拓片補。
③「代」字《匯編》《新編》《補遺》闕文，據館藏拓片補。
④「弓」字《匯編》《新編》《補遺》闕文，據館藏拓片補。
⑤「焉」字《匯編》《新編》《補遺》均作「宣」，據館藏拓片，當作「焉」字。
⑥「鄉縣」二字《匯編》《新編》《補遺》闕文，據館藏拓片補。
⑦「處」字《匯編》《新編》《補遺》闕文，據館藏拓片補。
⑧「水」字《匯編》《新編》《補遺》均作「承」，據館藏拓片，當作「水」字。「澄」字《匯編》《新編》《補遺》闕文，據館藏拓片補。
⑨「峨」字，《匯編》《新編》《補遺》作「歲」，據館藏拓片當作「峨」。
⑩「禮」「堤」二字《匯編》《新編》《補遺》闕文，據館藏拓片補。

一六　大周故康府君（智）、夫人支氏墓志銘

【解題】

墓志出土于洛陽城後海資村東地，具體時間不詳，原石現藏河南省洛陽市新安縣千唐志齋博物館。① 拓片長60厘米，寬59厘米。志文27行，滿行27字，共505字，有武周新字數个，正書，撰者、書者、刻石者不詳。紋飾不詳。館藏拓片爲早期善拓。

康智（623—693），字感，洛陽人，曾任唐游擊將軍。五代祖康風，爲潁川郡侯、青州刺史。祖父康仁基，爲陳朝寧遠將軍。父親康玉，爲隋朝散大夫。志文攀附其家族爲炎帝苗裔，康叔之後。從其追附炎帝後裔，以及先祖在南朝時已遷居至江南，姓名亦無胡風，可知其家族漢化程度較深，但仍保留了胡人之間通婚的傳統。

康智與夫人支氏合葬。夫人支氏，生年不詳，根據姓氏判斷，其當是小月氏人後裔，卒于咸亨年間。康智則于長壽二年（693）二月廿三日，終于神都日用里思順坊之私第。次年四月七日，二人合葬于洛州城北一十三里平樂鄉北邙山原。

【參考資料】

圖版：①《北圖》第18册，第33頁；②《隋唐》洛陽卷第7册，第31頁；③《千唐》第417頁；④《洛絲》第102頁。

録文：①《匯編》長壽031，第855—856頁；②《新編》第5部第4册，第14609頁；③《補遺》第2輯，第330頁；④《洛民》第334頁。

綜合：①《匯編附考》第12册第1151號，第287—291頁；②《撒馬爾干》第130—131頁。

相關研究：①榮新江：《安史之亂後粟特胡人的動向》，載紀宗安、湯開建主編《暨南史學》第二輯，暨南大學出版社，2003年，第102—123頁，後收入氏著《中古中國與粟特文明》，生活·讀書·新知三聯書店，2014年，第79—113頁；②劉惠琴、陳海濤：《從家世淵源觀念的變化看唐代入華粟特人的漢化》，載《魏晉南北朝隋唐史資料》第20輯，第145—154頁，後收入二氏著《來自文明十字路口的民族——唐代入華粟特人研究》，商務印書館，2006年，第411—425頁；③畢波：《中古中國的粟特胡人——以長安爲中心》，中國人民大學出版社，2011年；④尹波濤：《唐代粟特康氏的祖先記憶與族群認同——以出土墓志爲中心》，載杜文玉主編《唐史論叢》第三十三輯，三秦出版社，2021年，第219—236頁。

① 參見《洛陽出土石刻時地記》，大象出版社，2005年，第176頁。《隋唐》洛陽卷第7册云出土于「洛陽市孟津縣朝陽村東」，見該書第31頁。

【録文】

大周故康府君墓志銘并序／

君諱智，字感，本炎帝之苗裔，後有康叔，即其先也。自後枝分葉散，以字／因生，厥有斯宗，即公之謂矣。五代祖潁川郡侯、青州刺史風，國史、家諜／備詳焉。祖仁基，陳寧遠將軍，神謀應兆，奇算合幾，器宇恢疏，廟略宏達。／父玉，隋朝散大夫，星辰間氣，天地齊人，文章總鸞鳳之姿，仁智體山泉／之性。公游擊將軍，自天生德，精通玄女之符；惟岳表神，契合黄公之術。／遂得雄材遠振，掉孤劍而飛霜；逸氣挺生，揮長戈而駐日。昔班超表績，／非無燕鴿之封；韓增策勤①，實惟龍額之號。以今方古，何獨人斯，比德論／功，庶幾無昧。嗚呼哀哉！熟謂井中桑出，奄纏二豎之災；宎下鶵生，莫驗／一丸之藥。南山之壽，與大椿而等摧；東岳之魂，乘廣柳而長往。鑿舟難〳駐，滔滔有逝水之悲；隙駟易馳，黯黯軫傾義之恨。嗚呼哀哉！春秋七十／有一，長壽二年二月廿三日，終于神都日用里順坊之私第。夫人支〳氏，三從允穆，四德幽閑，行合女儀，禮該嬪則。蘋蘩莊敬，奉先祖而無違；／閨庭肅恭，挹天夫而不怠。嗚呼哀哉！去咸亨年中遘疾，奄從怛化。而彝／榮夕落，感鸞鏡而孤哀；薤露晨晞，悲鶴琴而獨唳。嗟夫！殀壽殊契，衾襚／同期，偕老之志匪渝，异室之情弥篤。既而宅兆斯卜，便開馬獵之封；送／終既臨，復啓龜文之繇。即以長壽三年四月七日，合葬于洛州城北一／十三里平樂鄉北邙山原之禮也。南瞻清洛，銅街之路非遥；北控黄河，／鐵鎖之橋斯近。西望函谷，紫氣仍存；東眺狄泉，蒼鵝已去。嗣子元暕等，／痛號天之莫逮，悲生白楊；傷陟岵之無依，涕渝渌柏。泉門杳杳，黄腸有／一掩之期；地户綿綿，白骨無再生之日。恐塗車難久，陵谷易遷，荼毒之／志莫申，攀慕之情何啓。嗚呼哀哉！乃爲銘曰：／

赫矣康公，顯祖弥隆。行旌帝典，聲揚國風。義惟貞幹，理實精通。龍韜運／略，麟閣書功。其一猗哉哲士，昊天不憖。隙影馳光，流波斷引。异室同穴，遷／棺共殯。一掩泉扉，千齡莫振。其二哀哀嗣子，泣血崩心。痛哉年促，魂兮夜／深。魚燈永閟，鶴吊長吟。龜雲低影，松風結音。庶勒銘于幽石，將表謚□（于）②／生金。其三／

① 『勤』字疑訛，當作『勛』。

② 『于』字據《補遺》補。

【録文】

大周故恒州中山縣令史君墓志銘并序／

□（君）[1]諱善法，字醜仁，濟北郡人也。肆拾五代祖霸，前漢光／禄[2]大夫。叁拾捌祖良，後漢征南將軍，封濟北侯，故今爲[3]／濟北望族矣。　祖、父咸任昭武校尉，并雄才拔衆，逸氣[4]／超群，弓挽六規，箭穿七札。　君皇朝版授恒州中山縣[5]／令。□宇沉邃，識見高明，豈期迅足難追，遽迫西沉之景，／藏舟易化，不停東逝之波。春秋七拾有五，長安二年十／一月三日終于私第。夫人康氏，淑德内融，柔姿外暎。桂／枝先墜，蘭芳早歇。掩金娥于地穴，璧月長空；沉寶婺于／天莊，珠星永没。享年六十三，終于私第。以長安三年歲／次癸卯四月壬辰朔十八日合葬于涇川之禮也。嗣子／□□□□□等，并蘊游夏之才能，懷曾閔之學行。文□／以經邦國，方應賢良之徵；孝可以感鬼神，終悲安措之／禮。蔡順結廬之地，泣對寒松；侯嬰卜宅之詞，痛旌幽石。／其詞曰：　　猗歟哲人，幼彰令問。托性夷遠，忘懷喜愠。／道[6]屬升平，時逢啓運。夢楹俄及，逸翮無奮。其一 十紀非永，千／月寧延。命終没代，魂散歸天。霜朝詎久，夜燭休然。始榮／終悴，吉往凶旋。其二 哀哀嗣子，天性長離。風乖父義，重闕母／慈。千秋永訣，一見無期。蓼莪增感，風樹生悲。其三 蒼芒寒／□，蕭索長原。夜臺日落，隧路雲昏。涕沾塋樹，泪墮山門。／□石不朽，天地□□。其四／

① 『君』字據《補遺》補。
② 『漢光』二字《匯編》《新編》《補遺》《西碑新》皆闕文，據館藏拓片補。闕文據殘筆當作『禄』字。
③ 『今爲』二字《匯編》《新編》《補遺》《西碑新》皆闕文，據館藏拓片補。
④ 『逸氣』二字《匯編》《新編》《補遺》《西碑新》皆闕文，據館藏拓片補。
⑤ 『縣』字《匯編》《新編》《補遺》《西碑新》皆闕文，據館藏拓片補。
⑥ 『道』字《匯編》《新編》《補編》作『地』，據館藏拓片，當作『道』。

一八 大唐故公士安君（令節）墓志銘

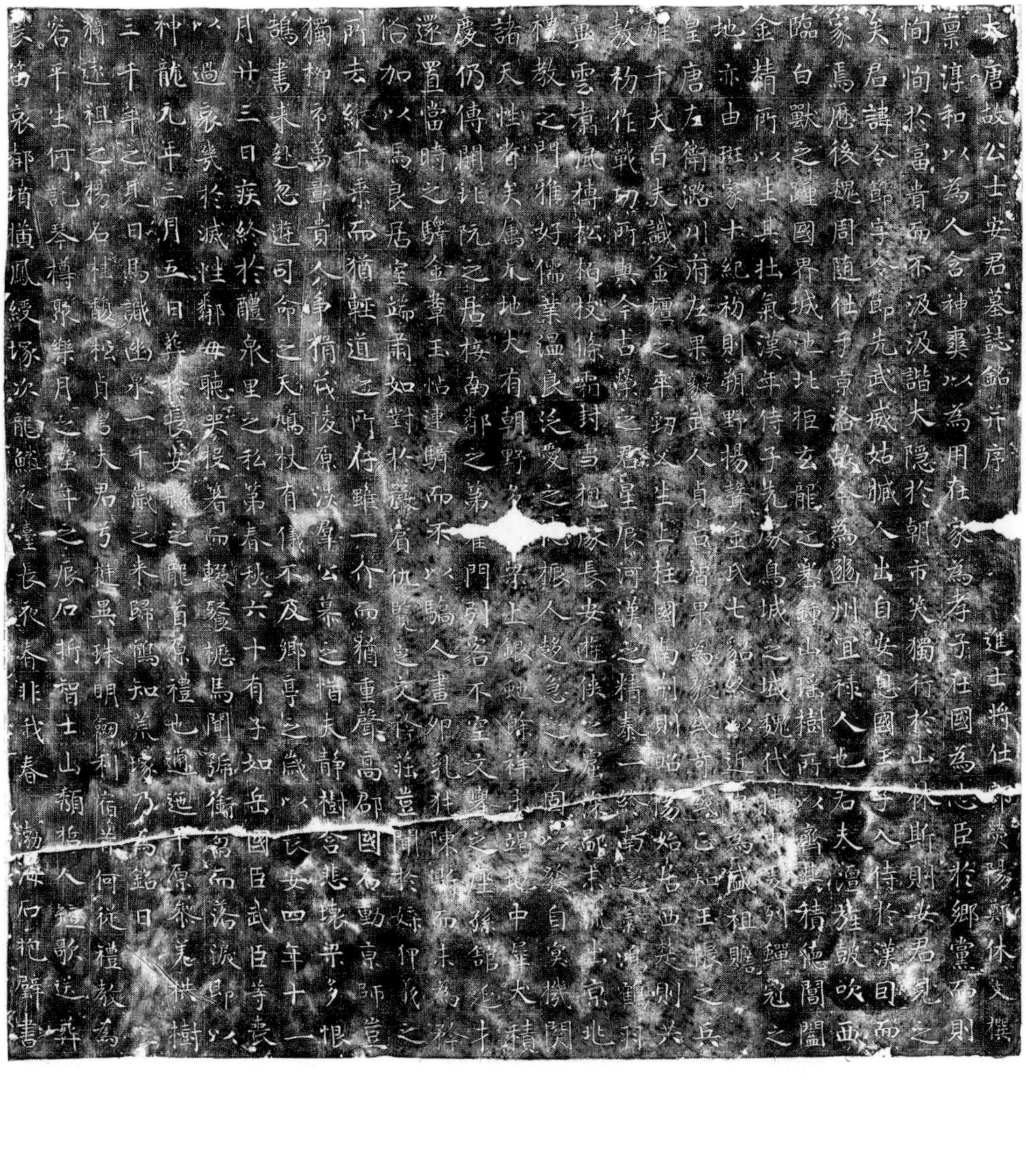

【解題】

墓志出土于陝西西安，具體時間、地點不詳，曾爲端方舊藏，後運至北京，原石現藏地不詳。① 拓片長58厘米，寬57.5厘米。志文27行，滿行27字，鄭休文撰，石抱壁正書，刻石者不詳。紋飾不詳。過往出版圖録中的石塊碎裂爲三截，館藏拓片右側3行完整，爲上下兩截本，爲早期傳拓。

安令節（645—704），豳州宜禄人，墓志稱他祖先爲安息國王子，遷居于武威姑臧，後又遷徙至長安。祖父安贍，曾任唐左衛潞川府左果毅。父安生，授上柱國。志題稱安令節爲公士，端方《匋齋藏石記》卷二一引顔師古注《漢書·百官公卿表》『言有爵命，异于士卒，故稱公士也』，又引《新唐書》乾封元年(666)封泰山禪社、神龍元年(705)祀天地于明堂時賜民古爵事，言安令節即曾見賜古爵。安令節無仕宦經歷，志文稱他『于鄉黨而則恂恂，于富貴而不汲汲，諧大隱于朝市，笑獨行于山林』，不過從下文『開北阮之居，接南鄰之第，翟門引客，不空文舉之座；孫館延才，還置當時之驛』一句，可知安令節家資非常豐厚，當是其家族致力經商所積。無論擔任武官，抑或經商，均是粟特人的典型特徵。安令節有三子，分别名爲如岳、國臣、武臣。其

于長安四年（704）十一月廿三日疾終于醴泉里之私第，後于神龍元年（705）三月五日葬于長安縣之龍首原。

① 參見《隋唐》北大卷第1册，第6頁。

【參考資料】

圖版：①《北圖》第20冊，第6頁；②《隋唐》北大卷第1冊，第109頁；③《西北匯編》第2冊，第156頁。

録文：①《匯編》神龍004，第1045—1046頁；②《新編》第1部第4冊，第2396頁；③《補遺》第3輯，第36頁。

綜合：①（清）陸增祥《八瓊室金石補正》卷四九，文物出版社，1981年，第16—22頁；②（清）毛鳳枝輯《關中石刻文字新編》卷三，民國二十四年金佳石好樓石印本；③（清）端方《陶齋藏石記》卷二一，清宣統元年商務印書館石印本；④《匯編附考》第14冊第1383號，第441—447頁；⑤《撒馬爾干》第136—137頁。

相關研究：①（清）毛鳳枝：《關中金石文字存逸考》卷三，清光緒二十七年會稽顧氏萍鄉縣署刻本；②武樹善纂：《陝西金石志》卷十，民國二十三年印本；③翁檉修，宋聯奎纂：《咸寧長安兩縣續志》卷一三，民國二十五年鉛印本；④陳國燦：《魏晉至隋唐河西人的聚居與火祆教》，《西北民族研究》1988年第1期，第198—209頁；⑤榮新江：《安史之亂後粟特胡人的動向》，載紀宗安、湯開建主編《暨南史學》第二輯，暨南大學出版社，2003年，第102—123頁，後收入氏著《中古中國與粟特文明》，生活・讀書・新知三聯書店，2014年，第79—113頁；⑥劉惠琴、陳海濤：《從家世淵源觀念的變化看唐代入華粟特人的漢化》，載《魏晉南北朝隋唐史資料》第20輯，第145—154頁，後收入二氏著《來自文明十字路口的民族——唐代入華粟特人研究》，商務印書館，2006年，第411—425頁；⑦畢海瀾：《長安粟特藝術史》，三秦出版社，2015年；⑧劉森垚：《中古墓志所見入華粟特安氏源流考述》，載紀宗安、馬建春主編《暨南史學》第十八輯，暨南大學出版社，2019年，第40—62頁；⑨畢波：《中古中國的粟特胡人——以長安爲中心》，中國人民大學出版社，2011年。

【録文】

大唐故公士安君墓志銘并序

進士將仕郎滎陽鄭休文撰／

稟淳和以爲人，含神爽以爲用，在家爲孝子，在國爲忠臣，于鄉黨而則／恂恂，于富貴而不汲汲，諧大隱于朝市，笑獨行于山林，斯則安君見之／矣。君諱令節，字令節。先武威姑臧人，出自安息國，王子入侍于漢，因而／家焉。歷後魏、周、隋，仕于京洛，故今爲豳州宜禄人也。若夫瀆旌鼓吹，西／臨白獸之躔；國界城池，北拒玄龍之塞。鍾山瑶樹，所以齊其積德；閶闔／金精，所以生其壯氣。漢年侍子，先處烏城之域；魏代侍中，爰列蟬冠之／地。亦由斑①家十紀，初則朔野揚聲；金氏七貂，終以近臣爲盛。祖贍②，□□／皇唐左衛潞川府左果毅。武人貞吉，智果爲毅，或奇或正，知玉帳之兵／雄；千夫百夫，識金壇之卒勁。父生，上柱國。南荆則昭陽始居，西楚則共／敖初作。戰功所與，今古榮之。君星辰河漢之精，泰一終南之氣，鴻鶴羽／翼，雲翥風摶；松柏枝條，霜封雪抱。處長安游俠之窟，深鄙末流；出京兆／禮教之門，雅好儒業。温良泛愛之德，振人趨急之心，固以發自冥機，關／諸天性者矣。屬天地大有，朝野多□（歡）③，梁上銀蛇，餘祥未竭；地中犀犬，積／慶仍傳。開北阮之居，接南鄰之第，翟門引客，不空文舉之座；孫館延才，／還置當時之驛。金鞍玉怗，連騎而不以驕人；畫卯乳犳，陳鼎而未爲矜／俗。加以馮良居室，端肅如對于嚴賓；仇覽定交，矜莊豈聞于媟狎。義之／所去，縱千乘而猶輕；道之所存，雖一介而猶重。聲高郡國，名動京師，豈／獨柳市萬章，貴人争揖；茂陵原涉④，群公慕之。惜夫静樹含悲，壞梁多恨，／鵠書來赴，忽游司命之天；鳩杖有儀，不及鄉亭之歲。以長安四年十一／月廿三日疾終于醴泉里之私第，春秋六十。有子如岳、國臣、武臣等，喪／以過哀，幾于滅性。鄰母聽哭，投箸而輟餐；櫪馬聞號，銜蒭而落泪。即以／神龍元年三月五日葬于長安縣之龍首原，禮也。邐迤平原，參差拱樹；／三千年之見日，馬識幽泉；一千歲之來歸，鶴知荒塚。乃爲銘曰：／

①「斑」字訛，當作「班」。
②「贍」字《補遺》作「瞻」。
③「歡」字處拓片破損，據館藏另一拓片補。
④「涉」字《匯編》作「泱」，《新編》作「洗」，《補遺》闕文，察館藏拓片，兼考文意，當作「涉」字。

猗遠祖之揚名，桂馥松貞；粵夫君兮挺异，珠明劍利。宿昔何從？禮教爲／容。平生何托？琴樽聚樂。月之望，年之辰。石折智士，山頹哲人。短歌送葬，／長笛哀鄰。墳橫鳳綏，塚次龍鱗。夜臺長夜，春非我春。□渤海石抱璧書／

一九
大唐故處士康君（悊）墓志銘

【解題】

墓志出土于河南洛陽，具體時間不詳，原石舊藏安陽金石保存所。[①] 拓片長 39 厘米，寬 38 厘米。志文 16 行，滿行 16 字，正書，撰者、書者、刻石者不詳。紋飾不詳。館藏拓片上有『仲嘉過眼』朱文方印，知此拓片曾爲碑林收藏名家段仲嘉舊藏。

志主康悊（?—705），字慧悊，敦煌郡人，終身爲處士，未曾解褐。其家族在北魏時仕宦于鄴城，定居于此。曾祖北齊時任金紫光禄大夫，祖父康君政、父康積善仕宦履歷不詳。由母親安氏姓氏可知其家庭亦爲粟特人内部聯姻。康悊于神龍元年（705）六月四日渡洹水時不幸溺亡，後于神龍元年十一月廿六日，遷窆于州城西北二里之平原。

① 參見《北圖》第 20 册，第 19 頁。

【參考資料】

圖版：①《北圖》第 20 册，第 19 頁；②《隋唐》洛陽卷第 8 册，第 62 頁。

録文：①《匯編》神龍 016，第 1052—1053 頁；②《新編》第 5 部第 4 册，第 14805 頁；③《補遺》第 5 輯，第 280 頁。

綜合：①《匯編附考》第 14 册第 1393 號，第 485—487 頁；②《撒馬爾干》第 138 頁。

相關研究：①榮新江：《安史之亂後粟特胡人的動向》，載紀宗安、湯開建主編《暨南史學》第二輯，暨南大學出版社，2003 年，第 102—123 頁，後收入氏著《中古中國與粟特文明》，生活·讀書·新知三聯書店，2014 年，第 79—113 頁；②劉惠琴、陳海濤：《從家世淵源觀念的變化看唐代入華粟特人的漢化》，載《魏晋南北朝隋唐史資料》第 20 輯，第 145—154 頁，後收入二氏著《來自文明十字路口的民族——唐代入華粟特人研究》，商務印書館，2006 年，第 411—425 頁；③畢波：《中古中國的粟特胡人——以長安爲中心》，中國人民大學出版社，2011 年；④毛陽光：《河南安陽新出〈安師墓志〉所見北朝末至隋唐之際鄴城的粟特人》，載北京大學考古文博學院、北京大學中國考古學研究中心編《考古學研究》（十一），科學出版社，2020 年，第 239—251 頁；⑤尹波濤：《粟特康氏會稽郡望考論》，《敦煌學輯刊》2017年第1期，第156—164頁。

【録文】

大唐故處士康君墓志銘并序／

君諱悊，字慧悊，其燉煌郡人也。昔因仕鄴，／今卜居焉。匡後魏而盡忠，輔齊邦而獻鯁，／故乃霏英繡篆，灑絢瑶圖，門閥家風，可略／言矣。曾祖□，北齊金紫光禄大夫；祖君政，／考積善，并蘊相國之奇謀，包衛尉之宏略。／君生而秀嶷，絶俗孤標，朋友挹其徽猷，鄉／黨欽其孝悌。竊謂上旻貽福，豈圖于此無／徵。旋屬艤棹淇洹，波濤泛溢。神龍元年六／月四日，倉殚終于涉洹之濟。親友傷悼，行／路悲嗟。粵以大唐神龍元年歲次乙巳十一／月丁丑朔廿六日壬寅，遷窆于州城西北二／里之平原，禮也。親安氏，慟切明珠之碎，悲／深玉樹之摧。嗚呼哀哉！乃爲銘曰：□青鳥／薦兆，白鶴標墳。飛龍北走，沉鳳南分。平蕪／泣露，晦壟愁雲，行嗟玉碎，遽嘆珠焚。／

□居長□後發亦書忠東府□□
過霏英縟篆灑絢瑶圖閥閱家風
美曾祖北齊金紫光禄大夫祖
積善延蘊猶國之奇謀包衛尉之
生而秀嶷絶俗孤標明友抱其叢
欽其孝悌竊謂上旻貽福豈量於
懿屬儀樟淇洹波濤俄溢神龍元
血目倉猝發手淇洹之濟親友傷
悲老罔以大唐神龍元年歲次乙

【參考資料】

圖版：①《北圖》第21冊，第54頁；②《隋唐》洛陽卷第8冊，第209頁；③《千唐》第585頁；④《洛絲》第122頁。

録文：①《匯編》開元038，第1180頁；②《新編》第5部第4冊，第14913頁；③《補遺》第2輯，第426—427頁；④《洛民》第220頁。

綜合：①《匯編附考》第16冊第1566號，第337—340頁；②《撒馬爾干》第140頁。

相關研究：①樊文禮：《唐代的安姓胡人》，《内蒙古大學學報》（人文社會科學版）1998年第2期，第55—62頁；②李鴻賓：《論唐代宫廷内外的胡人侍衛——從何文哲墓志銘談起》，《中央民族大學學報》，1996年第6期，第39—44頁；③李鴻賓：《唐代墓志中的昭武九姓粟特人》，《文獻》1997年第1期，第121—134頁，後收入氏著《隋唐五代諸問題研究》，中央民族大學出版社，2006年，第71—86頁；④榮新江：《安史之亂後粟特胡人的動向》，載紀宗安、湯開建主編《暨南史學》第二輯，暨南大學出版社，2003年，第102—123頁，後收入氏著《中古中國與粟特文明》，生活•讀書•新知三聯書店，2014年，第79—113頁；⑤劉惠琴、陳海濤：《從家世淵源觀念的變化看唐代入華粟特人的漢化》，載《魏晋南北朝隋唐史資料》第20輯，第145—154頁，後收入二氏著《來自文明十字路口的民族——唐代入華粟特人研究》，商務印書館，2006年，第411—425頁；⑥畢波：《中古中國的粟特胡人——以長安爲中心》，中國人民大學出版社，2011年；⑦劉森垚：《中古墓志所見入華粟特安氏源流考述》，載紀宗安、馬建春主編《暨南史學》第十八輯，暨南大學出版社，2019年，第40—62頁。

【録文】

故岐州岐山府果毅安府君墓志／

府君諱思節，其先長沙人也。家世西土，後業東周，今爲河／南人也。曾祖瓚，隋左衛大將軍，擁旄龔命而六漠無祲；授／枹先登而三軍加勇。祖遮，任左金吾衛弘仁府折衝，仡仡／干城，英英禦難，率職亮采，光于古人。皇考暕，上柱國，紀庸／燕山，銘勛彝器，雄譽聲于天下，猛氣横于大荒，記諜存焉，／可略言也。君世爲華胄，早能耀德，幹蠱于家而孝風變俗，／移忠于國而丕績勤王。弱冠宿衛　　皇闈，典司文陛，敏／對以待問，執機而應務。　帝用感之，擢授祁州祁山府果／毅。圖略雲鬱，神情月照，用武則斷凶奴之臂，運謀則伐單／于之心。願掃游魂，將雪國耻，而幽數或奇，長策未振。居無／何，脱巾舊里，翛然有外物之議。潜華養素，采真冥古。陸大／夫之籍甚，時論同歸；郭有道之優游，人林取憲。泥蟠而晦／德，霧隱而韜文。惜其大位未躋，而享年不永，開元四年四／月十有一日寢疾卒，時年五十八。初，公洗心妙業，結意芳／緣，護法終身，持戒没齒。昔厭煩惱之境，今游清净之方。即／以其年五月廿七日，殯于邙山之阜，桐棺以斂之，素繂以／窆□（之）①。故人慟哭而祖車，贊者悲歌而引紼。胤子嘉□（祚）②等□／膺□血，叩心號天，終古無贖，感□（手）□（澤）③于黄卷；永世垂列，篆／□□于玄堂。辭曰：／

猗歟君子，光光絶倫。寞然幽魄，冥冥反真。大夢不覺，長夜／無晨。千秋兮萬歲，何此地之埋玉人！／

①「之」字據《匯編附考》補。

②「祚」字據《匯編附考》補。

③「手澤」二字據《匯編附考》補。

二一 唐故朝散大夫上柱國潁州汝陰縣令史公（待賓）、夫人邵氏墓志銘

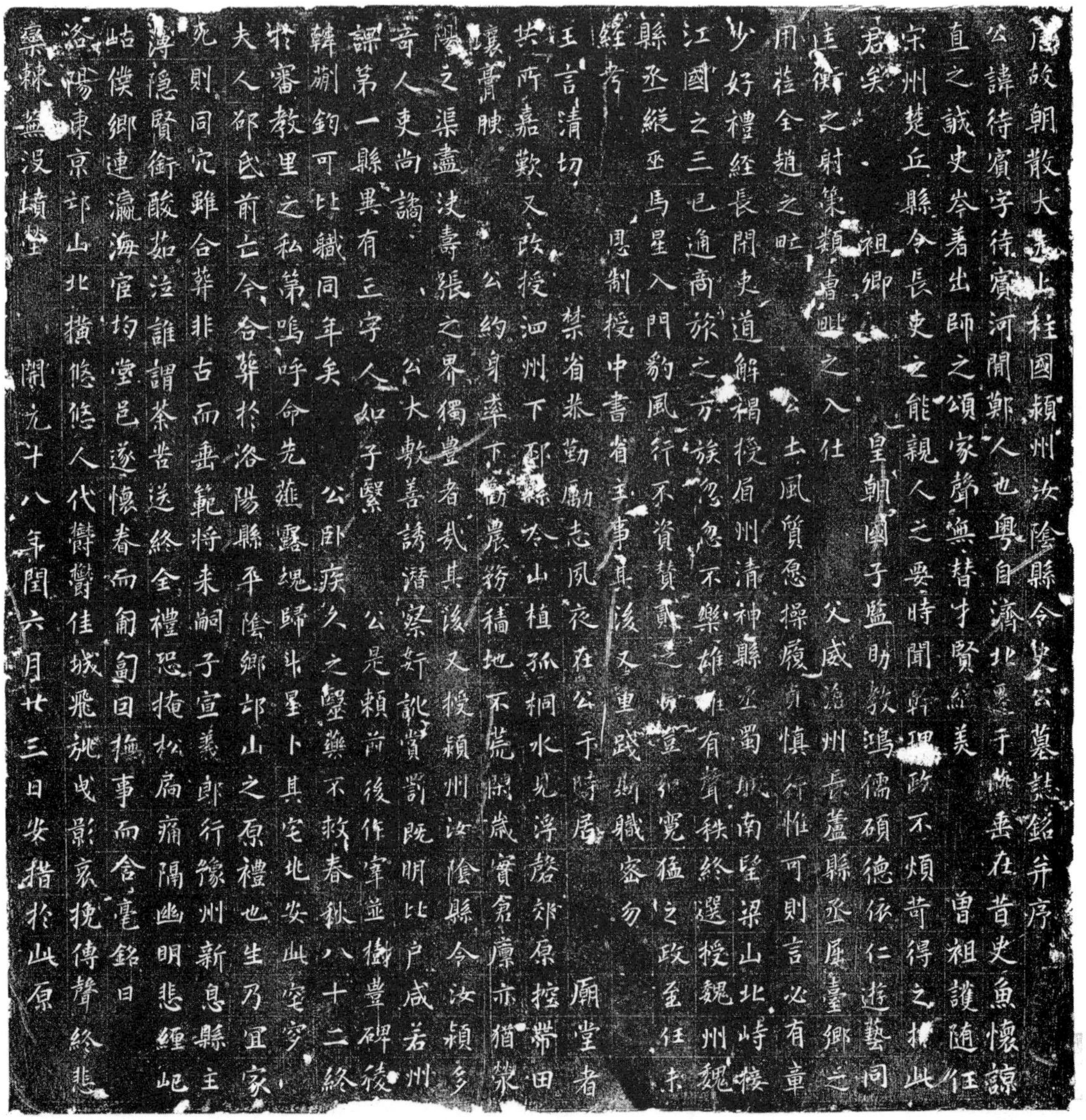
唐故朝散大夫上柱國穎州汝陰縣令史公墓誌銘并序
公諱待賓字待賓河閒鄚人也粤自濟北疊于燕垂在昔史魚懷諒
直之誠史岑著出師之頌家聲無替代賢繼美 曾祖護隨任
宋州楚丘縣令長史之能親人之要時聞於理政不煩苛得之於此
君矣 祖鄉 皇朝國子監助教鴻儒碩德依仁遊藝同
達衛之射策類唐舉之入仕 父咸滄州長蘆縣丞屈臺鄉之
用從全趙之吐 公土風質愨操履貞慎行惟可則言必有章
少好禮經長閑吏道解褐授眉州清神縣丞蜀城南望梁山北峙接
江國之三巴通商旅之六族忽忽不樂雄雄有聲秩終選授魏州魏
縣丞縱丞馬星入門豹風行不資贊戴之助豈知寬猛之政至任未
經考 恩制授中書省主事其後又重戍斯職密勿 廟堂者
王言清切 禁省恭勤勵志夙夜在公于時居
共所嘉歎又改授泗州下邳縣令山植孤桐水光浮磬郊原控帶田
壤膏腴 公約身率下勸農務穡地不荒蕪歲實倉廩亦猶衆
陽之渠盡決壽張之界獨豐者哉其後又授穎州汝陰縣令汝穎多
奇人吏尚譎 公大敷善誘潛察奸訛賞罰既明比户咸若州
課第一縣異有三字人如子繫 公是賴前後作宰並樹豐碑從
韓蒯鈞可比職同年矣 公卧疾久之醫藥不救春秋八十二終
於審教里之私第嗚呼命先薤露魂歸斗星卜其宅兆安幽室穸
夫人邵氏前亡今合葬於洛陽縣平陰鄉邙山之原禮也生乃冝家
死則同穴雖合葬非古而垂範將來嗣子宣義郎行豫州新息縣主
簿隱賢銜酸茹泣誰謂荼苦送終全禮恐掩松扃痛隔幽明悲纏屺
岵僕鄉連瀛海宦均堂邑遂懷春而甸匐因撫事而含毫銘曰
洛陽東京邙山北據悠悠人代鬱鬱佳城飛旐曳影哀挽傳聲終悲
棘無沒墳塋 開元十八年閏六月廿三日安措於山原

【解題】

墓志于1933年出土于洛陽馬溝村，原石現藏河南省洛陽市新安縣千唐志齋博物館。① 拓片長63厘米，寬64厘米。志文25行，滿行26字，正書，撰者、書者、刻石者不詳。紋飾不詳。館藏拓片爲早期拓片。

史待賓（649—730），字待賓，河間鄚人。志文云其家族出自濟北史氏，世居于今華北平原地區。曾祖史護，隋時曾任宋州楚丘縣令，勤于政務；祖父史卿，入唐朝仕國子監助教，可稱鴻儒；父史威，曾任滄州縣丞，世代擔任河南、河北地區的地方文官。有學者以發動『六胡州之亂』的康待賓爲例，認爲粟特人喜用『待賓』爲名，史待賓當是粟特人，故本書亦將其收入書中。從仕宦履歷來看，其家族已褪去了粟特人所慣常從事的武職色彩，史待賓年少時愛好禮經，年長後長吏道。他一生宦海沉浮，解褐授眉州清神縣丞，後任魏州魏縣丞，之後兩度出任中書省主事，後又任下邳縣令、汝陰縣令。他一生恭勤勵志，政績斐然。銘文稱其『前後作宰，并樹豐碑』。後終于審教里之私第，終年八十二歲。妻子邵氏先已去世，至此嗣子史隱賢將二人于開元十八年（730）閏六月二十三日，合葬于洛陽縣平陰鄉邙山之原。

① 參見《洛陽出土石刻時地記》，大象出版社，2005年，第243頁。

【參考資料】

圖版：①《北圖》第23册，第23頁；②《隋唐》洛陽卷第10册，第3頁；③《千唐》第694頁；

録文：①《匯編》開元305，第1366—1367頁；②《新編》第5部第5册，第15057頁；③《補遺》第2輯，第481頁。

綜合：無。

相關研究：①羅豐：《流寓中國的中亞史國人》，載袁行霈主編《國學研究》第七卷，北京大學出版社，2000年，第235—278頁，後收入氏著《胡漢之間：『絲綢之路』與西北歷史考古》，文物出版社，2004年，第207—247頁；②趙振華：《唐代粟特人史多墓志初探》，《湖南科技學院學報》2009年第11期，第79—82頁；③劉全波、朱國立：《論唐代入華粟特人與儒學及科舉的關係——以墓志文獻爲中心》，《甘肅廣播電視大學學報》2016年第5期，第1—8頁；④周曉薇：《西安新見隋〈史崇基墓志〉與中古史氏脉系》，《文博》2019年第1期，第82—87頁。

【録文】

唐故朝散大夫上柱國潁州汝陰縣令史公墓志銘并序／

公諱待賓，字待賓，河間鄚人也。粤自濟北，遷于燕垂。在昔史魚懷諒／直之誠，史岑著出師之頌，家聲無替，才賢繼美。□□曾祖護，隋任／宋州楚丘縣令。長史之能，親人之要，時聞幹理，政不煩苛，得之于此／君矣。□□祖卿，□□皇朝國子監助教。鴻儒碩德，依仁游藝，同／匡衡之射策，類曹毗之入仕。□□父威，滄州長蘆縣丞，屈臺卿之／用，蒞全趙之甿。□□公士風質愿，操履貞慎，行惟可則，言必有章。／少好禮經，長閑吏道；解褐授眉州清神縣丞。蜀域南望，梁山北峙，接／江國之三巴，通商旅之方族，忽忽不樂，雄雄有聲。秩終，選授魏州魏／縣丞。縱巫馬星入，門豹風行，不資贊貳之勞，豈弘寬猛之政。至任，未／經考，□□恩制授中書省主事，其後又重踐斯職，密勿□□／王言，清切□□禁省，恭勤勵志，夙夜在公，于時居□□廟堂者／共所嘉嘆。又改授泗州下邳縣令。山植孤桐，水見浮磬，郊原控帶，田／壤膏腴。□□公約身率下，勸農務穡，地不荒閑，歲實倉廩，亦猶榮／陽之渠盡決，壽張之界獨豐者哉。其後又授潁州汝陰縣令。汝潁多／奇，人吏尚譎，□□公大敷善誘，潛察奸訛。賞罰既明，比户咸若。州／課第一，縣异有三，字人如子，緊□□公是賴。前後作宰，并樹豐碑，稜／韓蒯鈞，可比職同年矣。□□公卧疾久之，醫藥不救。春秋八十二，終／于審教里之私第。嗚呼！命先薤露，魂歸斗星，卜其宅兆，安此窆穸。□／夫人邵氏，前亡，今合葬于洛陽縣平陰鄉邙山之原，禮也。生乃宜家，／死則同穴，雖合葬非古，而垂範將來。嗣子宣義郎行豫州新息縣主／簿隱賢，銜酸茹泣，誰謂荼苦，送終全禮，恐掩松扃，痛隔幽明，悲纏屺／岵。僕鄉連瀛海，宦均堂邑，遂懷眷而匍匐，因撫事而含毫。銘曰：／

洛陽東京，邙山北横。悠悠人代，欝欝佳城。飛旐曳影，哀挽傳聲。終悲／欒棘，無没墳塋。

開元十八年閏六月廿三日安措于此原／

二二 大唐故翊麾副尉澤州太行鎮將騎都尉安府君（孝臣）之墓志銘

大唐故翊麾副尉澤州太行鎮將騎都
尉安府君之墓誌銘并序
夫以三教之法與天地合興聖演流傳
俱當是一君諱孝臣太原郡人也惟生
魁心逸衆勇氣超群鎮靜邊壃寧清塞
境何忽終于敦厚里之私第春秋卅有
六天武中化嗣子興宗次子承宗次子
榮宗嗚呼以開元廿二年歲次三月八
日魂歸四大氣散春風荒郊之野永世
長居用其年四月九日殯於河南縣平
洛鄉邙山之原毋大塋内安措禮也夫
子之德其銘曰
盛德何在荒田一丘含霜風切霞壟雲愁
惟靈生毋塋内敬造尊勝石幢高二丈
五尺又就墓所寫花嚴經一部頒靈永
塵霑影往生淨土

【解題】

墓志于1928年出土于洛陽小李村南地，原石現藏河南省洛陽市新安縣千唐志齋博物館。[1]拓片長37厘米，寬38.5厘米。志文16行，滿行15字。正書，撰者、書者、刻石者不詳。

安孝臣（699—734），太原人，曾擔任唐朝駐守河東道澤州太行鎮的鎮將。從安孝臣的姓氏、官職，以及籍貫太原這一唐代粟特人的重要聚居區來看，安孝臣當是粟特後裔。安孝臣有三個兒子，名爲安興宗、安承宗、安榮宗。開元二十二年（734）年三月八日，安孝臣卒于洛陽敦厚里之私第，同年四月九日，葬于河南縣平洛鄉邙山的其母的墳塚之中。安孝臣母米氏，去世于開元十九年（731）十月廿二日，葬于開元廿年二月十一日，其墓志亦已出土，原石現藏故宫博物院。[2]米氏墓志記載她篤信佛教，故安孝臣安厝時，于其母墓内造《尊勝陀羅尼經》一幢，抄寫《華嚴經》一部。

【參考資料】

圖版：①《北圖》第23册，第128頁；②《隋唐》洛陽卷第10册，第91頁；③《千唐》第739頁；④《洛絲》第123頁。

録文：①《匯編》開元401，第1433頁；②《新編》第5部第5册，第15109頁；③《補遺》第2輯，第503頁；④《洛民》第219頁。

綜合：《撒馬爾干》第144頁。

相關研究：①榮新江：《隋及唐初并州的薩保府與粟特聚落》，《文物》2001年第4期，第84—89頁；②陳海濤：《從葬俗的變化看唐代粟特人的漢化》，《文博》2001年第3期，第47—52頁；③張慶捷：《胡商 胡騰舞與入華中亞人：解讀虞弘墓》，北岳文藝出版社，2010年；④畢波：《中古中國的粟特胡人——以長安爲中心》，中國人民大學出版社，2011年；⑤賈發義：《中古時期粟特人移入河東的原因及分布初探》，《中華文史論叢》2015年第1期，第301—318、401—402頁；⑥劉森垚：《中古墓志所見入華粟特安氏源流考述》，載紀宗安、馬建春主編《暨南史學》第十八輯，暨南大學出版社，2019年，第40—62頁。

---

① 參見《隋唐》洛陽卷第10册，第91頁。

② 參見《故宫博物院藏歷代墓志匯編》第1册，第85號，紫禁城出版社，2010年，第210頁。

【録文】

大唐故翊麾①副尉澤州太行鎮將騎都／尉安府君之墓志銘并序／

夫以三教之法，與天地合興，聖演流傳，／俱當是一。君諱孝臣，太原郡人也。惟生／翹心逸衆，勇氣超群，鎮静邊疆，寧清塞／境。何忽終于敦厚里之私第，春秋卅有／六，夭哉中化。嗣子興宗、次子承宗、次子／榮宗。嗚呼！以開元廿二年歲次三月八／日，魂歸四大，氣散春風，荒郊之野，永世／長居。用其年四月九日，殯于河南縣平／洛鄉邙山之原母大營②内安措，禮也。夫／子之德。其銘曰：／

盛德何在，荒田一丘。含霜風切，覆壟雲愁。／惟靈生母營③内，敬造《尊勝》石幢，高二丈／五尺。又就墓所寫《花嚴經》一部。願靈承／塵沾影，往生净土。／

---

①「麾」字《匯编》訛作「衛」，據館藏拓片，應爲「麾」字。
②「營」字當作「塋」。
③「營」字當作「塋」。

二一三　唐故雲麾將軍右龍武軍將軍同正員盧江縣開國伯上柱國何公（德）墓志銘

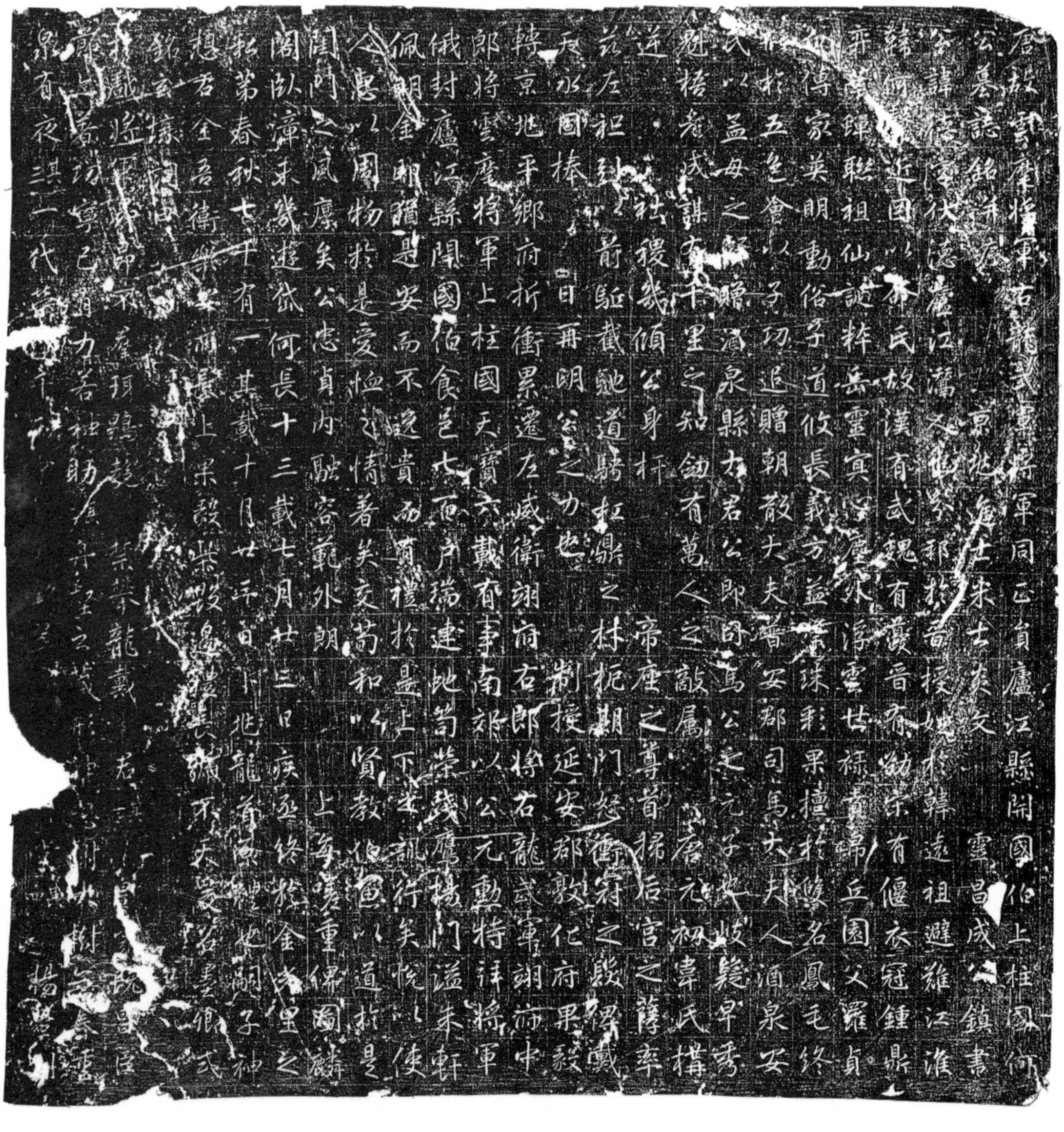

【解題】

墓志于1956年出土于西安土門，原石現藏西安碑林博物館。①拓片長61厘米，寬61厘米。志文25行，滿行25字，行書，正書間雜，京兆進士米士炎撰文，成公鎮書丹，楊萱刻石。紋飾不詳。此墓志圖版較爲少見，唯《隋唐》《西安碑林全集》收録，館藏拓片相較爲善，猶可供參校。

何德（684—754），字伏德，廬江潜人。何德一生功勛卓著，曾參與平定韋氏之亂，歷任延安郡敦化府果毅、京兆平鄉府折衝，後累遷爲左威衛翊府右郎將、右龍武軍翊府中郎將、雲麾將軍、上柱國。天寶六年（747），何德因功受封爲將軍，後再次受封爲廬江縣開國伯，食邑七百户。其父何羅因何德的功勛而被追封爲朝散大夫、晋安郡司馬。母安氏，酒泉郡人，因教子有方而被贈酒泉縣太君。其子何神想任右金吾衛樂安府長上果毅。志文雖然追附家族來源于廬江何氏，然而從何德的武將經歷、母親爲酒泉安氏、墓志撰寫人米氏這三點結合來看，可以確定其是粟特人。何德于天寶十三年（754）七月廿三日因病卒于金光里之私第，同年十月廿三日葬于龍首原。

① 參見《增訂唐兩京城坊考》附録一《兩京待考坊銘》所引賀梓城《唐墓志銘考釋》，三秦出版社，2006年，第448頁。

【參考資料】

圖版：①《隋唐》陝西卷第1册，第141頁；②《西安碑林全集》第81册，海天出版社，1999年，第2920頁。

録文：①《匯編續》天寶094，第650頁；②《新編》第7册，第4739頁；③《補遺》第3輯，第97頁。

綜合：無。

相關研究：①韓香：《唐代長安中亞人的聚居及漢化》，載陝西師範大學西北民族研究中心編《陝西師範大學民族學論文集》，陝西師範大學出版社，2001年，第57—76頁；②陳尚君：《石刻所見玄宗朝的政治與文學》，《中國文學論集》第32號，2003年，第53—71頁；③尚衍斌：《唐代入華『興生胡』的社會權益評析》，《元史及西域史叢考》，中央民族大學出版社，2013年，第335—350頁；④畢波：《中古中國的粟特胡人——以長安爲中心》，中國人民大學出版社，2011年；⑤劉全波、朱國立：《論唐代入華粟特人與儒學及科舉的關係——以墓志文獻爲中心》，《甘肅廣播電視大學學報》2016年第5期，第1—8頁。

【録文】

唐故雲麾將軍右龍武軍將軍同正員廬江縣開國伯上柱國何/公墓志銘并序

京兆進士米士炎文　靈昌成公鎮書/

公諱德，字伏德，廬江潛人也。分邦于晉，授姓于韓。遠祖避難江淮，/韓何聲近，因以命氏。故漢有武，魏有夔，晉有邵，宋有偃。衣冠鍾鼎，/奕葉蟬聯。祖仙，誕粹岳靈，冥心塵外，浮雲世禄，賁帛丘園。父羅，貞/白傳家，英明動俗，子道攸長，義方益崇。珠彩果擅于雙名，鳳毛終/形于五色。會以子功追贈朝散大夫、普安郡司馬。太夫人酒泉安/氏，以孟母之賢，贈酒泉縣太君。公即司馬公之元子也。岐嶷早秀，/魁梧老成，謀有千里之知，劍有萬人之敵。屬　　唐元初，韋氏構/逆，　　社稷幾傾。公身扞　　帝座之尊，首掃後宫之孽，率/兹左袒，引以前驅。截弛道，騁扛鼎之材；扼期門，怒衝冠之髮。俾戴/天永固，捧　　日再明，公之力也。　　制授延安郡敦化府果毅，/轉京兆平鄉府折衝，累遷左威衛翊府右郎將、右龍武軍翊府中/郎將、雲麾將軍、上柱國。天寶六載有事南郊，以公元勛，特拜將軍，/俄封廬江縣開國伯，食邑七百户。瑞連蛇笥，榮踐鷹揚，门溢朱軒，/佩明金印。猶是安而不逸，貴而有禮，于是上下之訓行矣。悦以使/人，惠以周物，于是愛恤之情著矣。交荀和以賢，教伯魚以道，于是/閨門之風厚矣。公忠貞内融，容範外朗。　　上每嗟重，俾圖麟/閣。卧漳未幾，游岱何長。十三載七月廿三日疾亟，終于金光里之/私第，春秋七十有一。其載十月廿三日卜兆龍首原，禮也。嗣子神/想，右金吾衛樂安府長上果毅，柴毀過禮，長號不天。爰召墨卿，式/銘玄壤。詞曰：/

于戲將軍，昂昂不群。珥鶡趨　禁，攀龍戴　君。其一　皇家既昌，臣/節亦著，功寧己有，力若神助。其二舟壑之藏，形神忽謝，大樹無春，重/泉有夜。其三一代榮□（績）①，千秋不□（亡）②，式銘翠石，永□□（玄）③堂。其四

楊萱刻/

①『績』字據《補遺》補。
②『亡』字拓片失拓，據《補遺》補。
③『玄』字據《補遺》補。

吳明重俗子直修長義老蓋蹊秉軍植村□名眞
之會以子功追贈朝散大夫晉安郡司馬夫人酒泉
海之□贈酒泉縣太君公即司馬公之元子也岐嶷早
成謀有千里之知劒有萬人之敵屬唐元初韋氏
□社稷幾傾公身扞 帝座之尊首掃后宮之蘖
□□前驅截馳道驕扛鼎之材扼期門怒衝冠之髮裸
俸□日再明公之力也 制授延安郡敷化府果
□鄉府折衝累遷左威衛翊府右郎將右龍武軍翊府
□將軍上柱國天寶六載有事南郊以公元勳特詳將
江縣開國伯食邑七百戶瑞建地驚榮殘鷹揚門謚朱
□獨是安而不逸貴而有禮於是上下□亂行矣悅以
□物於是愛恤之情著矣交□和以賢教迪通以道於
風廓矣公忠貞內融容範外朗 上每嗟重偈圖
□□□式可長十三載七月廿三日寢疾終於金□里

二四　大唐故康夫人墓志

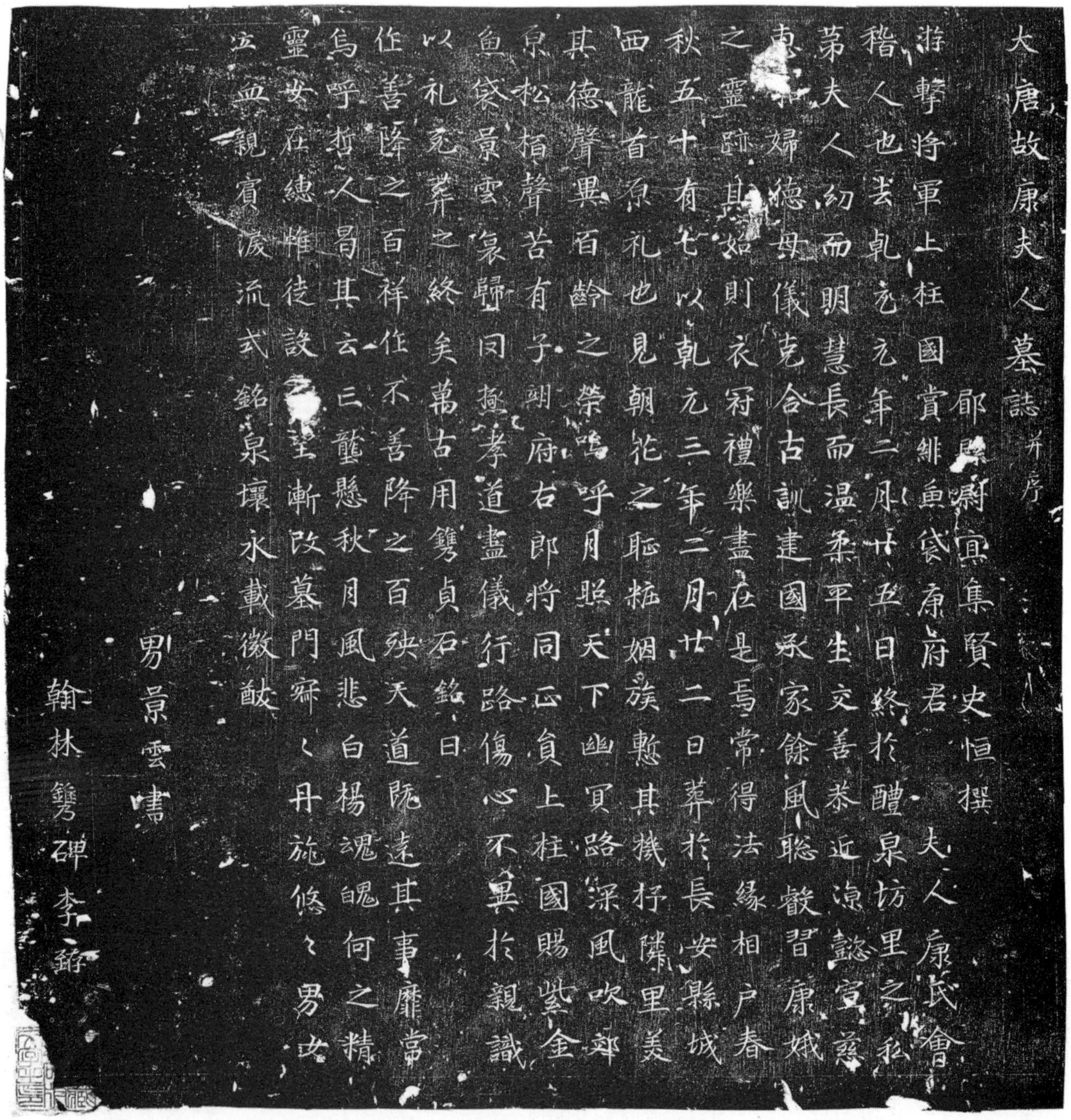

大唐故康夫人墓誌并序
郿縣尉直集賢史恒撰　夫人康氏會
游擊將軍上柱國賞緋魚袋康府君
稽人也去乾元元年二月廿五日終於醴泉坊里之私
第夫人幼而明慧長而温柔平生交善恭近涼懿宣慈
惠和婦德母儀克合古訓建國承家餘風聡敏習康娥
之靈跡其始則衣冠禮樂盡在是焉常得法緣相户春
秋五十有七以乾元三年二月廿二日葬於長安縣城
西龍首原礼也見朝花之聢粧姻族慟其攙抒隣里羡
其德聲異百齡之榮嗚呼月照天下幽冥路深風吹郊
原松栢聲苦有子翊府右郎將同正員上柱國賜紫金
魚袋景雲哀號罔擗孝道盡儀行路傷心不異於親識
以礼充葬之終矣萬古用鐫貞石銘曰
作善降之百祥作不善降之百殃天道既遠其事靡常
嗚呼哲人曷其云亡三壟懸秋月風悲白楊魂魄何之精
靈安在總帷徒設之望慚改墓門寂寂丹旐悠悠男女
泣血親賓淚流式銘泉壤永載徽猷
男景雲書
翰林鐫碑李鎔

【解題】

墓志出土于西安韓森寨，具體時間不詳，原石現藏西安碑林博物館。① 拓片長 46.5 厘米，寬 46.5 厘米。志文 21 行，滿行 21 字，鄠縣尉直集賢史恒撰，子康景雲書，翰林李琋鎸碑，正書。紋飾不詳。館藏拓片爲早期傳拓，拓工精善，字口較已出版圖録更爲清晰，便于利用。

康氏（704—760），會稽人，其夫爲游擊將軍上柱國賞緋魚袋康府君。由姓氏及郡望可知夫婦二人俱爲康姓粟特人，此會稽爲敦煌僑郡，爲粟特人追溯源流所常用。康氏幼時聰慧，長而温婉，爲人友善，待人親和，恪守禮法，爲妻則賢良，爲母則宣慈，鄰里皆稱其美德。康氏育有一子，名曰康景雲，授翊府右郎將、同正員、上柱國，賜紫金魚袋。康氏于乾元元年（758）二月二十五日，卒于醴泉坊里之私第；乾元三年（760）二月二十二日，安葬于長安縣城西龍首原，享年 57 歲。墓志雖爲鄠縣直集賢史恒撰文，子康景雲書丹，翰林李琋鎸刻，但其中不乏訛舛脱文。

【參考資料】

圖版：①《隋唐》陝西卷第 1 册，第 150 頁；②《西安碑林全集》第 82 册，海天出版社，1999 年，第 2997 頁。

録文：①《匯編續》乾元 009，第 680—681 頁；②《新編》第 8 册，第 5336 頁；③《補遺》第 3 輯，第 107 頁。

綜合：無。

相關研究：①畢波：《中古中國的粟特胡人——以長安爲中心》，中國人民大學出版社，2011 年；②尹波濤：《粟特康氏會稽郡望考論》，《敦煌學輯刊》2017 年第 1 期，第 156—164 頁；③尹波濤：《唐代粟特康氏的祖先記憶與族群認同——以出土墓志爲中心》，載杜文玉主編《唐史論叢》第三十三輯，三秦出版社，2021 年，第 219—236 頁；④張利亞、張穩剛：《唐代粟特語境的消失與入華胡人的儒學教育——以唐京畿地區九姓胡墓志爲例》，《中央民族大學學報》（哲學社會科學版）2023 年第 5 期，第 127—134 頁。

① 參見《隋唐》陝西卷第 1 册，第 150 頁。

【録文】

大唐故康夫人墓志并序／

鄜縣尉直集賢史恒撰／

游擊將軍上柱國賞緋魚袋康府君□□夫人康氏，會／稽人也。去乾元元年二月廿五日，終于醴泉坊里之私／第。夫人幼而明慧，長而温柔，平生交善，恭近諒懿，宣慈／惠和，婦德母儀，克合古訓，建國承家，餘風聰睿，習康娥／之靈迹，其始則衣冠禮樂，盡在是焉。常得法緣相户。春／秋五十有七，以乾元三年二月廿二日葬于長安縣城／西龍首原，禮也。見朝花之耻妝，[1]姻族慚其機杼，鄰里義／其德聲。异[2]百齡之榮。嗚呼！月照天下，幽冥路深；風吹郊／原，松柏聲苦。有子翊府右郎將、同正員、上柱國、賜紫金／魚袋景雲。哀歸罔極，孝道盡儀，行路傷心，不异于親識，／以禮死葬之。終矣萬古，用鎸貞石。銘曰：／

作善降之百祥，作不善降之百殃。天道既遠，其事靡常。／嗚呼哲人，曷其云亡！蘢懸秋月，風悲白楊。魂魄何之，精／靈安在？繐帷徒設，□望漸改。墓門寂寂，丹旐悠悠。男女／泣血，親賓泪流。式銘泉壤，永載徵[3]猷。／

男景雲書／

翰林鐫碑李琋／

① 此句疑脱一句。

② 『异』字《補遺》疑爲『冀』之訛。

③ 『徵』字《補遺》疑爲『徽』之訛。

轉將軍上柱國賞緋魚袋[illegible]
人也去乾元元年二月廿五日終於醴泉坊里之
夫人幼而明慧長而温柔平生交善恭近凉懿宣
[illegible]婦德母儀克合古訓逮國承家餘風聰敏習康
靈跡其始則衣冠禮樂盡在是焉常得法緣相户
五十有七以乾元三年三月廿二日葬於長安縣
龍首原礼也見朝花之聦粧姻族憖其機杼隣里
德聲異百齡之榮嗚呼月照天下幽冥路深風吹
松檟聲苦有子翊府右郎將同正員上柱國賜紫
袋景雲褭歸同擗孝道盡儀行路傷心不異於親
礼充葬之終矣萬古用鐫貞石銘曰
善降之百祥作不善降之百殃天道既遠其事靡
乎晉人爲其云三[illegible]戀秋月風悲白楊魂魄何之

二五

唐義武軍節度易州高陽軍故馬軍都知兵馬使銀青光禄大夫兼監察御史樂陵郡石府君（默啜）、夫人康氏墓志銘

【解題】

墓志出土于今河北易縣，具體時間不詳，舊爲端方所藏，原石現藏故宫博物院。[1]志石長63厘米，寬63厘米。志文20行，滿行23—24字，行書、正書間雜。四周折綫紋。館藏拓片爲早期傳拓，與現存于國家圖書館章鈺舊藏拓片絶肖。

石默啜（745—817），墓志雖稱其爲樂陵郡人，實爲攀附西晉名門石苞、石崇父子的郡望。石默啜出身將門，驍勇善戰，富于謀略。其一生只在河北地區的易定鎮任過官職，曾在義武節度使麾下統領易州地區的騎兵，鎮守地區的交通咽喉，有可能在易定鎮的軍事行動和唐憲宗平藩戰争中立下赫赫戰功。最終結銜爲『唐義武軍節度易州高陽軍馬軍都知兵馬使、銀青光禄大夫、兼監察御史、河東縣開國男，賞封食邑五百户。』夫人康氏，育有二子，長子石少琳，次子石少清。石默啜的祖、父都曾立下戰功，但具體事迹已不可考。從其姓氏及婚姻關係來看，當是粟特人内部石姓與康姓的通婚，但其名字確帶有突厥風格，石默啜當是突厥化的粟特人後裔，同時也有漢化傾向。本人于唐憲宗元和十二年（817）終于本鎮易縣南坊之别業，同年八月廿四日窆于州西北燕山之陽陵雲鄉。

① 參見故宫博物院編《故宫博物院藏歷代墓志匯編》，紫禁城出版社，2010年，第133號，第310頁。

【參考資料】

圖版：①《北圖》第29册，第106頁；②《隋唐》北大卷第2册，第59頁。

録文：①《匯編》元和106，第2024—2025頁；②《新編》第5部第5册，第15407頁；③《補遺》第4輯，第481頁。

綜合：①《撒馬爾干》第156頁；②《故宫匯編》，第133號，第310頁。

相關研究：①彭建英：《東突厥汗國屬部的突厥化——以粟特人爲考察的中心》，《歷史研究》2011年第2期，第4—15頁；②殷憲：《〈唐石善達墓志〉考略》，載榮新江主編《唐研究》第十二卷，北京大學出版社，2006年，第459—478頁；③畢波：《中古中國的粟特胡人——以長安爲中心》，中國人民大學出版社，2011年；④尤李：《唐〈石默啜墓志〉考釋》，載李鴻賓主編《中古墓志胡漢問題研究》，寧夏人民出版社，2013年，第298—308頁。

【録文】

唐義武軍節度易州高陽軍故馬軍都知兵馬使銀青／光禄大夫兼監察御史樂陵郡石府君墓志銘并序／

府君諱默啜，字默啜，得封氏于媧皇之時，振芳猷于晋趙之代。／富可以擊破珊瑚樹，貴可以建趙稱至尊。史籍具列，讀何匪／虚。祖考雄乂，并名光玉墀，連還著累代之勛，繼踵播搏天之勢，即／銀青光禄大夫、兼監察御史、河東縣開國男，賞封食邑五百户，／是　公之爵禄此者，蓋非一度，乃積重遷，應承百戰百勝之勞，／或是七縱七擒之略而致耳。大丈夫到此，孰不□□于雲霄矣。／久來展效之所，逆侶止自亡魂；近日游獵之□（山）①，啼猿猶知見□。于／戲！人生運有終極，命無長准，享年七十有三，奄休壽于元和十二／祀年春沽洗之月十三日，在本鎮易縣南坊之别業矣。是用龍泉／隱匣，　靈魂歸斗，金骨見瘞，玉譽流芳，　武侯斯傾，狂師仍怯，／哀兮切兮沉一寶，痛兮悼兮傷二龍。即長曰少琳，次曰少清，及夫／人康氏。子母聚酷而號訴上天，泣血横湔。然禮有常格，須安永固，／以其年八月廿四日窆于州西北燕山之陽、陵雲鄉之勝埠，卜地得／生蛇之崗，槃龍之穴，高墳深壘而下貫九泉，仍恐後山河混溶，／勒玄珪而紀實爾。

銘曰：　　榮霸標青史，　功勛振大音。／運終樂有極，　限到苦難任。　慟哭唯妻子，　摧殘貫古今。／昔時一國寶，　此日九泉沉。　高墳千古萬古，　松柏前林後林。／盤旋兮唯日與月，　相望兮荒塚青岑。　人生若是，　孰不傷心！／

① 「山」字據《補遺》補，察拓片「山」似僅爲形符。

陵君[illegible]遲嗟呼野嗟得夫[illegible]村女[illegible]月村村[illegible]酉村[illegible]
[illegible]一文孝陂珊瑚樹貴可以達趨得至尊史籍具列該何可
唐祖考旌人並名光玉墀連還遷著累代又動繼鍾播搏天之勢
根曹克緒夫天秉性察御史府[illegible]懸衍國男賞以食邑三百
逺公之嫡孫也者美非一[illegible]拜[illegible]戴百勝之
哉是七縱七擒之略而後耳大丈夫到此勳[illegible]
人未展効之而道位至自亡況造百遊撓之[illegible]
識人[illegible]有後[illegible]長[illegible]十有[illegible]奄休書者[illegible]
從委春秋洗之月十三日在於積[illegible]縣南坊之別業矣是日風亂
隱匣[illegible]靈魂歸斗金骨見殘[illegible]琴淚芳武侯斯傾狂師仍
哀兮切兮況一寶貝痛兮悼兮傷二龍即長者少琳次子[illegible]請故
人康氏子母聚酷而號訴上天泣血擗踊無禮有希格酒安[illegible]
以其年八月廿四日窆於州西廿五里山之陽陵雲鄉之[illegible]原[illegible]地

二六　唐故石府君（忠政）、夫人何氏、子石義墓志銘

【解題】

墓志出土于今陝西西安，具體時間不詳，原石舊爲渭南趙元中所藏，後端方、北京大學遞藏，1956年移存故宫博物院。[1] 拓片長41厘米，寬44.5厘米。志文14行，滿行14—16字，正書、行書間雜，撰者、書者、刻石者不詳。已出版之各圖録所附拓片皆爲志石裂成五塊後所拓，而館藏拓片係王壯弘《增補校碑隨筆》所云『石碎爲三』之舊拓[2]，殊爲難得。

石忠政（741—823），字不邪，京兆府萬年縣人。居于繁華熱鬧的崇仁里，清閑不仕，自居其家。夫人何氏，先于元和二年（807）四月逝去，葬城西小嚴村。石忠政去世于長慶三年（823）七月十日，同年八月二十二日葬于小嚴村。長子石義，後亡，亦葬于此處。寶曆元年（825）八月九日，石氏夫婦及其長子合葬[3]。由于石、何二姓俱爲昭武九姓之一，長安亦爲當時粟特人聚居之地，故二人很有可能都是粟特人。

---

①參見（清）毛鳳枝著《關中金石文字存逸考》第12卷，會稽顧氏萍鄉縣署刻本，1901年，第28頁。故宫博物院編《故宫博物院藏歷代墓志匯編》，紫禁城出版社，2010年，第332頁。

②王壯弘《增補校碑隨筆》，上海書畫出版社，1981年，第635頁。

③拓片葬年處已斷裂，據羅振玉《墓志徵存目録》補，參見《羅振玉學術論著集》第5集，上海古籍出版社，2013年，第761頁。

【參考資料】

圖版：①《北圖》第30册，第53頁；②《隋唐》北大卷第2册，第80頁；③《西北匯編》第5册，第26頁。

録文：①《匯編》寶曆008，第2086頁；②《新編》第5部第5册，第15422頁。

綜合：①《撒馬爾干》第157頁；②《故宫匯編》第2册，第144號，第331—332頁。

相關研究：①韓香：《唐代長安中亞人的聚居及漢化》，載陝西師範大學西北民族研究中心編《陝西師範大學民族學論文集》，陝西師範大學出版社，2001年，第57—76頁；②榮新江：《安史之亂後粟特胡人的動向》，載紀宗安、湯開建主編《暨南史學》第二輯，暨南大學出版社，2003年，第102—123頁，後收入氏著《中古中國與粟特文明》，生活·讀書·新知三聯書店，2014年，第79—113頁。

【録文】

唐故石府君墓志銘并序/

府君曰忠政，字不邪，生于京兆府，萬年/縣人也。邑崇仁里，
清閑不仕，自居其家。/婚何氏，不幸元和二年四月逝，葬城西小/□(嚴)①
村。　府君壽年八十有二，終于長/□（慶）②二年七月十日，以其年
八月二十一/□（日）③亦葬于小□（嚴）④村。長子義，後亡，亦葬
于/此。後□（寶）□（曆）⑤元年，當家□□□□義鄉/南姚□□掃
灑莊一所，遂再□（啓）⑥舉遷厝/莊東南□十步。已來，遂擇吉晨，
以其年/八月九日，祔　翁婆及兄義，并安于墳闕，/乃命□□，存之
不朽，銘曰：/

八月□風悲切切，　　安厝　先靈歸墳闕。/□奉孝感理于天，
　萬代子孫昌不歇。/

① 『嚴』字據毛鳳枝《關中金石文字存逸考》補。
② 『慶』據毛鳳枝《關中金石文字存逸考》補。
③ 『日』字據毛鳳枝《關中金石文字存逸考》補。
④ 『嚴』字據毛鳳枝《關中金石文字存逸考》補。
⑤ 『寶曆』據羅振玉《墓志徵存目録》所載此志葬年補。
⑥ 『啓』字據《全唐文》補。

唐故石府君墓誌銘并序

府君曰忠政字不邪生于京兆府萬年

縣人也邑崇仁里清閑不仕自居其家

昔何氏不幸元和二年四月逝葬城西小

□祔 府君壽年八十有二終于長

三年七月十日以其年八月二十三

□葬于小□村長子義後亡亦葬於

七[illegible]

二七　唐故内五坊使押衙銀青光禄大夫試鴻臚卿上柱國安府君（珍）、夫人費氏墓志銘

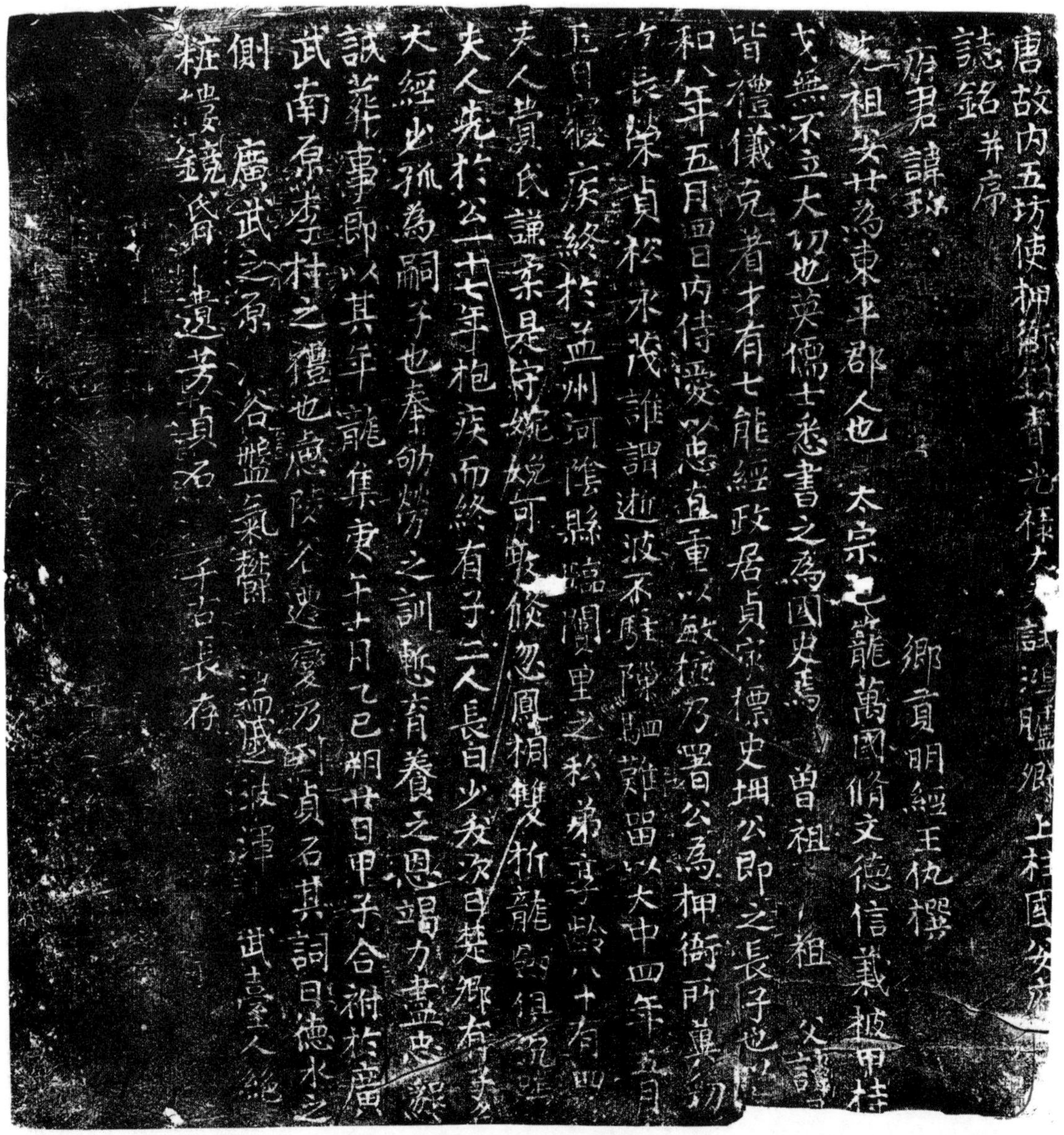
唐故內五坊使押衙銀青光祿大夫試鴻臚卿上柱國安府
誌銘并序
府君諱珍　鄉貢明經王伉撰
先祖安廿為東平郡人也　太宗之龍萬國脩文德信義披甲桂
戈無不立大功也英儒士悉書之為國史焉　曾祖　祖　父諱
皆禮儀克著才有七能經政居貞宗標史埛公即之長子也以
和八年五月四日內侍愛悉直重以敏捷乃署公為押衙所冀幼
亦長榮貞松永茂誰謂逝波不駐隙駟難留以大中四年五月
五日寢疾終於益州河陰縣臨闠里之私第享齡八十有四
夫人費氏謙柔是守婉娩可敬倏忽鳳桐雙折龍劍俱沉
夫人先於公一十七年抱疾而終有子二人長曰少發次曰楚郷有孝
大經也孤為嗣子也奉劬勞之訓懃育養之恩竭力盡忠經
誠葬事郎以其年龍集庚午十月乙巳朔廿日甲子合祔於廣
武南原李村之禮也慮陵谷遷變乃刊貞石其詞曰德水之
側　廣武之原　谷盤氣鬱　逝波渾渾　武臺人絕
粧樓鏡昏　遺芳貞石　千古長存

【解題】

墓志出土于河南滎陽，[1]具體時間不詳，現藏何處亦未詳。拓片長44厘米，寬42厘米。志文16行，滿行23—25字，鄉貢明經王仇撰。正書，書者不詳。刻石者不詳。紋飾不詳。通過與《北圖》、《隋唐》北大卷、《撒馬爾干》等已出版拓片圖版相比較，館藏拓片當爲早期傳拓。

安珍（767—850），東平郡人。大和八年（834），其任内五坊使押衙（五坊是爲皇帝飼養鷹犬鳥雀的機構）。墓志云其先祖從唐太宗征討有戰功，當是在唐前入華的粟特人。曾祖、祖父姓名及生平不詳，父安昌。有子二人，長子少夭，次子楚卿。大中四年（850），安珍病逝于孟州河陰縣，十月二十日與夫人費氏合葬于廣武南原李村。

① 《隋唐》北大卷謂該墓志出土于山西廣武，《北圖》謂其出土于河南滎陽，據墓志云安珍去世于孟州河陰縣，葬于廣武南原，當指滎陽廣武鎮，當以河南滎陽爲是。

【參考資料】

圖版：①《北圖》第32册，第51頁；②《隋唐》北大卷第2册，第118頁。

録文：①《匯編》大中043，第2281頁；②《新編》第4部第2册，第9472頁；③《補遺》第4輯，第186頁。

綜合：《撒馬爾干》第160—161頁。

相關研究：①榮新江：《安史之亂後粟特胡人的動向》，載紀宗安、湯開建主編《暨南史學》第二輯，暨南大學出版社，2003年，第102—123頁，後收入氏著《中古中國與粟特文明》，生活·讀書·新知三聯書店，2014年，第79—113頁；②劉惠琴、陳海濤：《從通婚的變化看唐代入華粟特人的漢化——以墓志材料爲中心》，《華夏考古》2003年第4期，第55—61頁，後收入兩氏著《來自文明十字路口的民族——唐代入華粟特人研究》，商務印書館，2006年，第377—386頁；③劉惠琴、陳海濤：《從家世淵源觀念的變化看唐代入華粟特人的漢化》，載《魏晋南北朝隋唐史資料》第20輯，第145—154頁，後收入二氏著《來自文明十字路口的民族——唐代入華粟特人研究》，商務印書館，2006年，第411—425頁；④畢波：《中古中國的粟特胡人——以長安爲中心》，中國人民大學出版社，2011年。

二八

大周故將仕郎檢校尚書庫部郎中守太子左贊善大夫賜紫金魚袋彭城郡劉公（彦融）、夫人康氏墓志銘

【解題】

墓志出土于洛陽後海資村一帶，① 具體時間不詳，原石現藏河南省洛陽市新安縣千唐志齋博物館。拓片長56厘米、寬55厘米。志文36行，滿行37字，王德成撰并書，正書，刻石者不詳。紋飾不詳。館藏拓片底部傳拓精善，底部文字清晰可見，可爲以往圖録、整理本補缺之處甚夥。

劉彦融（889—954），燕人。墓志并未追攀劉氏遠祖，僅追溯至劉彦融的曾祖父劉晏。劉晏未嘗仕宦，祖父劉霸任後唐薊州玉田縣令，父親劉清任後唐平州刺史，家族遂定居于燕地。從其姓氏、里貫以及與康氏通婚來看，其家族有可能是沙陀人。劉彦融在動蕩更替非常劇烈的五代時期，歷仕四朝。其早年主要游宦于長安周邊，後唐長興三年（932）解褐任同州馮翊縣主簿，清泰元年（934）遷同州録事參軍；後晋以後，其仕宦範圍主要集中于洛陽地區，天福二年（937）任河中府管内觀察支使試大理司直兼監察御史，三年（938）轉加兼殿中侍御史，賜緋魚袋，五年（940）轉加檢校尚書虞部員外郎兼侍御史，其年四月，又奏授陳、許、蔡等州觀察判官，賜紫金魚袋，七年（942），又奏兗、沂、密等州觀察判官，檢校尚書户部員外郎，其年十一月，轉加檢校尚書職方員外郎，開運三年（946），除授滑、衛等州觀察判官，檢校尚書屯田郎中；後漢乾祐元年（948）轉加檢校尚書庫部郎中；後周廣順元年（951）徵拜太子左贊善大夫；顯德元年（954）二月二十六日遘疾，去世于洛陽修善坊之私第，同年四月二十九日，葬于河南府河南縣平洛鄉杜澤村。

劉彦融妻康氏（生卒年未詳），東平人，從姓氏看，其當是粟特人後裔。有學者疑此東平或在西北瓜州會稽，而非山東鄆州東平。② 若劉彦融爲沙陀人，則二人的婚姻屬于沙陀人與粟特人之間的通婚。晚唐五代時期，粟特人與沙陀人關係密切而複雜，此墓志或可爲一例證。

① 《洛陽出土石刻時地記》，大象出版社，2005年，第404頁。

② 參見龍成松《唐代粟特族裔會稽康氏家族考論》，《新疆大學學報》（哲學人文社會科學版）2017年第3期，第79頁。

【參考資料】

圖版：①《隋唐》洛陽卷第15册，第172頁；②《千唐》第1231頁。

録文：①《補編》第1337頁；②《補遺》第1輯，第449頁；③《新編》第4部第4册，第10787頁；④《五代匯編》第382—384頁。

綜合：無。

相關研究：①龍成松：《唐代粟特族裔會稽康氏家族考論》，《新疆大學學報》（哲學人文社會科學版）2017年第3期，第78—86頁；②龍成松：《中古胡姓家族研究》，花木蘭文化事業有限公司，2019年。

【録文】

大周故將仕郎檢校尚書庫部郎中守太子左贊善大夫賜紫金魚袋彭城郡劉公墓志銘并序／

前涇原渭武等州觀察巡官將仕郎試秘書省校書郎王德成撰并書／

粤以君子耻[1]當年而功不立，没世而名不彰。蓋前代之褒稱，固丈夫之事業。將書摭實，其在兹乎。／夫山河降靈，賢杰誕生而資始；天地積數，英奇代謝以告[2]終。公諱彦融，字子明，本燕人也。□□／曾祖諱晏，皇不仕。□祖諱霸，皇任薊州玉田縣令。□父諱清，皇任平州刺史。姓氏之來，圖諜備載。／有唐之御天下也，國步雖康，邊烽未滅。思韓彭爲上將，控燕薊爲北門。乃□時君委平州史君之／戎事也，遂代爲燕人矣。公即平州史君第二子也。□皇母太夫人田氏。公抱崆峒之器，直道居懷；／繼閥閱之門，雄風禀物。自尚幼之歲，播成人之名。旋屬鄉國纏灾，番胡肆醜，人子廢詩書之訓，諸／侯擅征伐之權。公忽喟然嘆曰：爲儒遵□前聖之言，懷土本小人之志。遂游學于千里，次從宦于／兩京。長興三年，故同帥趙公奏授同州馮翊縣主簿。清泰元年，遷同州録事參軍。□故相國安公／之鎮蒲津也，知公藴幃幄之策，非州縣之才。天福二年，乃奏請授河中府管内觀察

---

① 『耻』字外有圓框，似爲删除記號。

② 『告』字《新編》《補遺》《補編》均作闕文，《五代匯編》作『告』，據館藏拓片當爲『告』。

支使試大理/司直兼監察御史。三年，轉加兼殿中侍御史、賜緋魚袋。五年，轉加檢校尚書虞部員外郎兼侍御/史。其年四月，又奏授陳、許、蔡等州觀察判官，賜紫金魚袋。七年，又奏兗、沂、密等州觀察判官、檢校/尚書户部員外郎。其年十一月，轉加檢校尚書職方員外郎。蜀先主之顧孔明，將圖霸業；齊桓公/之求管仲，盡委事權。開運三年，除授滑、衛等州觀察判官、檢校尚書屯田郎中。乾祐元年，轉加檢/校尚書庫部郎中。廣順元年，屬　先皇帝奄有之初，以公屈陪臣之職次，頗换檀榆；允執①政之敷/陳，許朝　旒冕，徵拜太子左贊善大夫。東宫得路，方施贊導之謀；北闕安居，兼遂養頤之性。無何，/逝波難駐，落景易沉，針醫不救于膏肓，邦國遽嗟于殄瘁。以顯德元年二月二十六日遘疾，啓手/足于洛陽修善坊之私第，享年六十有六。嗚呼！生則登　清朝而躋上壽，没則述餘烈而刊貞珉，/可不謂立其功而揚其名矣？公寬而不紊，質而有文。愛敬盡于　君親，信義篤于朋②友。至于任稽③/古之力，膺縻爵之求，治賦租、聽獄訟，未嘗不以均勞逸、審曲直爲務，造次顛沛，無逾是焉。宜乎啓/于公之門，庇臧孫之後。

①「執」字《新編》《補遺》《補編》均作闕文，《五代匯編》作「執」，據館藏拓片當爲「執」。
②「朋」字《補遺》《新編》作「姻」，《補編》作「親」，《五代匯編》作「相」，察館藏拓片左部殘筆及右部「月」字，似當作「朋」。
③「稽」字《新編》《補遺》《補編》《五代匯編》均作闕文，據館藏拓片當爲「稽」。

娶夫人東平康氏，情牽偕老，恨屬未亡。執婦道以宜家，擇善鄰而訓子。長/女適清河張氏。次子懷德，補太廟齋郎，念鍾天性，孝禀生知。曾參纏風樹之悲，莫伸敬養；原涉守④/墓廬之節，冀答　　劬勞。即以其年四月二十九日，扶護葬于河南府河南縣平洛鄉杜/澤村，禮也。時日告通⑤，山川葉吉。壓龍崗之氣象，附/鳳闕之基扃。望桑水之鄉園，難追往事；卜邙山之宅□，永閉貞魂。德成譽愧，/國華親聯。宅相搦管而悲辛莫遏，臨棺而見托□□。賦梁苑之繁華，早慚末至；紀/渭陽之德業，孰謂當仁。退讓靡從，乃爲銘曰：/

天道資始，　　三才克⑥生。　　爰降賢杰，　　式牡⑦寰瀛。/千連交辟，　　萬乘知名。　　談⑧推罇俎，　　貴列簪纓。/士⑨著前言，　　成功者退。　　物拘定理，　　高舉者墜。/大鵬伊⑩化，　　嗚蟬自⑪蜕。　　皇天無知，　　哲人不諱/。慶延令子，

④「守」字《新編》《補遺》《補編》均作闕文，《五代匯編》作「立」，據館藏拓片當爲「守」。
⑤「通」字《新編》《補遺》《補編》《五代匯編》均作闕文，據館藏拓片似作「通」。
⑥「克」字《新編》《補遺》《補編》均作闕文，《五代匯編》作「魏」，據館藏拓片當作「克」。
⑦「牡」字《新編》《補遺》《補編》《五代匯編》均作「壯」，據館藏拓片似作「牡」。
⑧「談」字《新編》《補遺》《補編》均作「懿」，《五代匯編》作「談」，據館藏拓片當作「談」。
⑨「士」字《新編》《補遺》《補編》均作闕文，《五代匯編》作「士」，據館藏拓片當作「士」。
⑩「伊」字《新編》《補遺》《補編》《五代匯編》均作「作」，據館藏拓片當作「伊」。
⑪「自」字《新編》《補遺》《補編》均作闕文，《五代匯編》作「自」，據館藏拓片當作「自」。

□□孝鍾德門。□□追思茹慕，□□擗踴煩冤。/吉兆已卜，□□北邙之原。□□貞魂永寄，□□杜澤之村。/恩①重劬勞，□□念深罔極。□□望絶晨昏，□□禮終窀穸/。霧慘郊圻，□□風號松柏。□□萬歲千秋，□□銘于貞石。/

①『恩』字《新編》《補遺》《補編》均作闕文，《五代匯編》作『恩』，據館藏拓片當作『恩』。

前□□□□□州觀察巡官□□□秘書省校書郎王德成
以君子□當年而功不立沒世而名不彰蓋前代之褒稱固丈夫之事業者書撫實其
山河降靈賢傑誕生而資始天地積□英奇代謝以告終公諱彥融字子明本燕人也
祖諱晏皇不仕 祖諱鼎皇任薊州玉田縣令 父諱清皇任平州判史姓氏宋圖
唐之御天下也國步雖康邊烽未戢思韓□為上將擁□前為北門乃時君委平州史
事也遂代為燕人矣公即平州史君第二子也 皇母太夫人田氏公枹崆峒之器直
閥閱之門雄風禀物自尚幼之歲播成人之名旋屬鄉國纏寇番胡肆醜人子廢詩書之
禮征伐之權忽喟然嘆曰為儒遵 制聖之言懷土本小人之志遂遊學於千里次從
京長興三年故同師趙公奏授同州馮翊縣主簿清泰元年遷同州錄事參軍故相國
鎮蒲津也知公蘊幃幄之策非州縣之才天福三年乃奏請授河中府管內觀察支使試
直兼監察御史三年轉加兼殿中侍御史賜緋魚袋五年轉加檢校尚書□部員外郎兼
其年四月又奏授陳許蔡等州觀察判官賜紫金魚袋七年又奏充沂密等州觀察判官
書戶部員外郎其年十一月轉加檢校尚書職方員外郎蜀先主之須孔明將圖霸業
求管仲盡委事權開運三年除授滑衛等州觀察判官檢校尚書屯田郎中乾祐元年轉
尚書庫部郎中廣順元年屬 先皇帝奄有之初以公歷陪邑之職次領樸檀榆充執政
許朝□旒冕徽辨太子左贊善大夫東宮僚路方施贊導之謀此聞歿居無遂養頤之地
波難駐落景易沉針醫不救於膏肓邦國遽嗟於殄瘁以顯德元年二月二十六日□
於洛陽修善坊之私第享年六十有六嗚呼生則登 清朝而躋上壽歿則述餘烈而利
不謂立其功而標其名矣公寬而不泰質而有文愛敬盡於 君親信義篤於朋友至於
之□膺縻爵之求否賦租聽獄訟未嘗不以均勞逆審曲直為務造次顛沛無踰是焉官

二九

大周故護國軍節度行軍司馬金紫光祿大夫檢校司徒兼御史大夫上柱國武威縣開國男食邑三百户安公（重遇）、夫人劉氏墓志銘

【解題】

墓志于1931年出土于洛陽後李村，① 原石現藏河南省洛陽市新安縣千唐志齋博物館。拓片長66厘米，寬65厘米。志文38行，行38—50字不等，王穎贊撰，書者不詳，翟玫鎸字，正書。館藏拓片字口皆清晰可見，間有可補以往圖版、整理本之處。

安重遇（894—951），雁門人。安重遇家族在五代時期顯宦輩出，祖父安弘璋授銀青光禄大夫、檢校尚書右僕射、兼御史大夫；父親安福遷爲金紫光禄大夫、檢校司空兼御史大夫；其兄安重誨曾任河中護國軍節度管内觀察、處置等使、開府儀同三司、檢校太師兼中書令、行河中尹、上柱國、汧國公，食邑二千五百户，食實封三百户，《舊五代史》有傳。安重遇的仕宦歷程與其兄安重誨密切相關，其在後唐明宗朝仕途坦順，後其兄被害，安重遇的仕途便漸漸隱没。後唐同光元年（923），安重遇起家爲邢州長史；天成元年（926）加檢校尚書右僕射，授安國軍節度行軍司馬；天成三年（928）授洺州團練使，加金紫光禄大夫、檢校司空、兼御史大夫、上柱國；長興元年（930）改授鄭州防禦使，轉檢校司徒，餘如故；清泰元年（934）受封武衛將軍，然未就官；後漢時，歷任成德、河陽、護國行軍司馬，封武威縣開國男，食邑三百户。安重遇于後周廣順元年（951）九月四日寢疾，終于西京福善坊私第。夫人劉氏，封彭城縣君，去世于廣順元年（951）。顯德元年（954）十一月八日夫婦合葬于河南縣平樂鄉朱陽村。

① 《洛陽出土石刻時地記》，大象出版社，2005年，第404頁。

【參考資料】

圖版：①《北圖》第36册，第127頁；②《隋唐》洛陽卷第15册，第173頁；③《千唐》第1232頁。

録文：①《補編》第1340頁；②《補遺》第1輯，第450頁；③《新編》第4部第4册，第10821頁；④《五代匯編》第386—388頁。

綜合：無。

相關研究：①芮傳明：《五代時期中原地區粟特人活動探討》，《史林》1992年第3期，第7—13頁；②徐庭雲：《沙陀與昭武九姓》，載《慶祝王鍾翰先生八十壽辰學術論文集》，遼寧大學出版社，1993年，第335—346頁；③賈發義：《中古時期粟特人移入河東的原因及分布初探》，《中華文史論叢》2015年第1期，第301—318、401—402頁；④郭勝利：《隋唐中原西域人的家承記憶與族屬認同》，《貴州民族研究》2018年第7期，第174—177頁；⑤龍成松：《中古胡姓家族研究》，花木蘭文化事業有限公司，2019年；⑥杜海：《粟特人如何融入中華民族？》，《歷史評論》2022年第6期，第32—37頁。

【録文】

大周故護國軍節度行軍司馬金紫光禄大夫檢校司徒兼御史大夫上柱國武威縣開國男食邑三百户安公墓志銘并序／

前鄉貢進士穎□贊□撰／

夫死者，歸也，可尚者，手足無傷；葬者，藏也，所貴者祭祀不輟。其或遵彼周儀，若雙龍之再合；刊諸燕／石，備百代之所疑。即知義方垂教子之規，陰德積貽孫之慶，考之今古，惟□□公有焉。／

公諱重遇，字繼榮，雁門人也。銀青光禄大夫、檢校尚書右僕射、兼御史大夫，諱弘璋之孫也。金紫光禄大夫、／檢校司空、兼御史大夫，諱福遷之子也。推忠致理、佐命保國功臣、河中護國軍節度管内觀察處置等使、開府儀同／三司、檢校太師兼中書令、行河中尹、上柱國、汧國公、食邑二千五百户、食實封三百户，諱重誨之弟也。生于貴門，少有奇志。文武之／道，尹翁標雙美之才；然諾之誠，季布擅百金之譽。同光元年，起家爲邢州長史。鴻漸之勢，識者知其／摩天矣。□明宗繼統，成務思賢。難兄内舉以無疑，□聖主搜揚而罔間[①]。天成元年，加檢校尚書右僕／射，授安國軍節度行軍司馬。道光初席，德

① 『間』字，《補遺》《新編》作『聞』，《補編》作『問』，《五代匯編》作『間』，據館藏拓片，似當作『間』字。

道①邁列藩，俄辭幕府之中，遂厠諸侯之內。旌別淑忒，何期／明哉。天成三年，授洺州團練使，加金紫光禄大夫、檢校司空、兼御史大夫、上柱國。長興元年，改授鄭／州防禦使，轉檢校司徒，餘如故。教化風行，似出芝蘭之室；歌謡玉振，雅符正始之音。古所謂吏不敢／期，民知所措者，斯之是也。□天子以爲良二千石，繇是鬱然有擁旌之望耳。無何，□明皇有悔，輔臣／貽覆餗之殃；宗子承祧，郡守入勾陳之衛。清泰元年，命□公爲武衛將軍。□公以時移事改，志屈道窮。／随百谷以朝宗，罷談涇渭；逐四時而成歲，但慕松喬。無耻具臣，自爲君子。晋漢二代，名隱十年。歷成／德、河陽、護國三任行軍司馬，封武威縣開國男，食邑三百户。有以見欲寡其過矣，有以見優游卒歲／矣，如斯而已，豈非賢哉。□大周受命，□先帝好賢。蒲輪將降于九霄，薤露俄悲于一世。于廣順元年／九月四日寢疾，終于西京福善坊私弟。享年六十有一。哀聞洺水，尋興罷市之悲；信到圃田，即起輟／舂之念。若使承□□國家之毗②倚，展胸臆之謨猷，可以踵黄霸之芳蹤，繼魯恭之高躅。仰裨聖政，丕／變古風。人之云亡，孰不惋□之者乎？□□公婚劉氏，封彭城縣君。有德有容，宜家宜室。先公三載歿／于舜城。長子，前鄭州衙内都指揮使、銀青光禄大夫、檢校工部尚書、兼御史大夫、上柱國崇禮等，次／子崇廉，次侄崇文，次子崇貞，次侄崇勛，次子崇義、崇智、天養，侄女見侍羅氏前任右驍衛將軍延魯，長女／見侍張氏任棣州團練使延翰，次女見侍王氏任右屯衛將軍繼昌，次女見侍康氏前攝徐州節度／推官琳，次侄女先侍李氏，次女見許苻氏，長子新婦高氏等，奉／公理命，敬事無遺。卜宅兆于河南縣平樂鄉朱陽村，以彭城縣君祔葬焉，即顯德元年十一月八日／也。經云『孝子之事親終矣』，此之謂乎。夫顯親揚名，期于不朽；勒石表墓，宜屬多才。冀丹青其出處之／蹤③，用鼓吹其卷舒之韵。以防爲谷，令嘆非常。薄才既辱于／見知，滞思勉伸于撰述。庶使琮璜發彩，如假石于他山；蘭蕙吐芳，若乘風于空穴。敬爲陳信，敬作銘／云：／

海邊留舄，□□赤玉熒煌。□□宫中割腹，□□太子元良。□□神仙胤嗣，□□義烈暉光。□□爰生英哲，／用贊君王。□□公之祖考，□□翼佐武莊。□□有功有德，□□盟府攸藏。□□公之同氣，□□顯值明皇。／咎周之際，□□謀無不臧。□□伐紂之後，□□立不易方。□□天下瞻仰，□□海内稱揚。□□使民嚮化，

①『道』字疑爲衍文。

②『毗』字《補遺》《新編》《補编》作闕文，《五代匯编》作『枕』，據館藏拓片，似當作『毗』。

③『蹤』字《補遺》《新編》《補编》作闕文，《五代匯编》作『蹤』，據館藏拓片，當作『蹤』。

/致主垂裳。⬚⬚知公有作，⬚⬚內舉含章。⬚⬚爰從上佐，⬚⬚
首贊金湯。⬚⬚旋策共理，⬚⬚克奉如傷。/洺①波澄湛，⬚⬚鄭
圃芬芳。⬚⬚連枝既折，⬚⬚良②□乃亡。⬚⬚遂抛郡印，⬚⬚來
踐朝行。罔求聞達，/但務周防。⬚⬚晉漢二代，⬚⬚出入十霜。
⬚⬚鐏壘自守，⬚⬚優游不妨。⬚⬚惟周受命，得士者昌。/將随
馹騎，⬚⬚去佐皇綱。⬚⬚天奪其壽，⬚⬚今也則亡。⬚⬚所懷者
德，⬚⬚罔念者鄉。⬚⬚牛崗應兆③，/馬鬣當陽。⬚⬚有子嗣續，
⬚⬚有孫蒸嘗。⬚⬚千秋萬歲，⬚⬚永宅于邙。⬚⬚重曰：/
公齊體兮縣君，⬚⬚公同穴兮良辰。⬚⬚雙魂安兮莫分，⬚⬚
四維去兮無親。
鎸字人翟玫④/

①「洺」字《補遺》《新編》《補編》作「洛」，《五代匯編》作「洺」，據館藏拓片及文意，當作「洺」。
②「良」字《補遺》《新編》《補編》作闕文，《五代匯編》作「良」，據館藏拓片，當作「良」。
③「兆」字《新編》《補遺》《補編》闕文，《五代匯編》作「兆」，據館藏拓片，當作「兆」。
④「鎸字人」一句，《補編》闕文，《新編》《補遺》作「玫」，「玫」字《五代匯編》作「玫」，據館藏拓片，當作「玫」。

疑似粟特人墓志

三〇 大唐故史君夫人田氏墓志銘

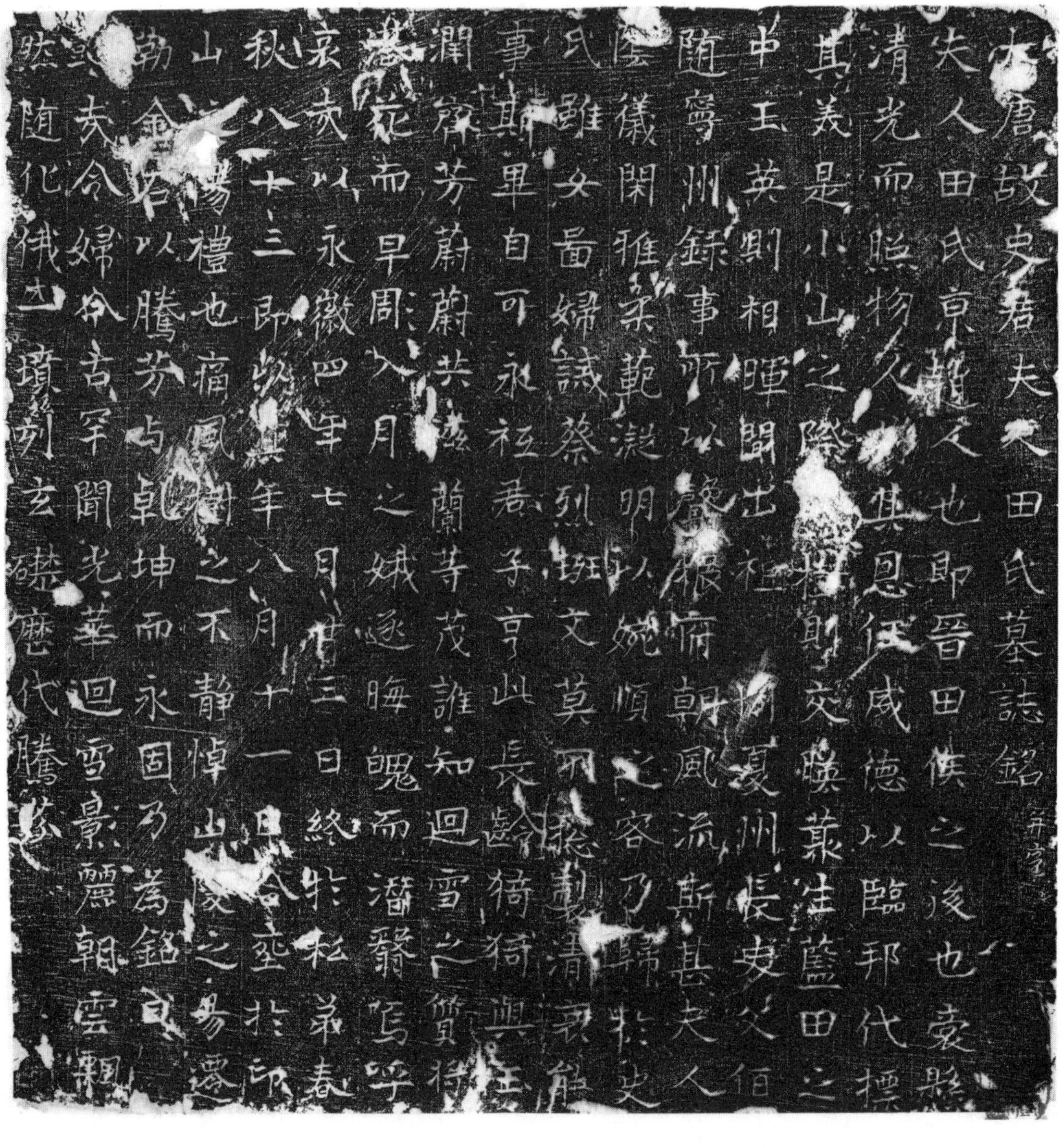

【解題】

墓志出土于河南洛陽，具體時間不詳，原石現藏開封博物館。拓片長36厘米，寬35厘米。志文17行，滿行17字，正書，撰者、書者、刻石者不詳。紋飾不詳。館藏拓片與《施碑選》圖版極相似，在細節上較《北圖》《隋唐》等書中圖版更爲清晰。

田夫人（571—653），祖父任北周夏州長史，父親爲隋寧州録事，均擔任地方要職。田氏去世于永徽四年（653）七月廿三日，其夫史君在此之前已經去世，墓志中僅記其姓氏，夫婦二人在當年八月十二日被合葬于邙山之陽。田氏家族活動主要集中于今天西安至隴東、陝北地區，這裏是隋唐時期粟特人主要聚居地區之一。唐代史姓除漢人外，主要來自于粟特史國人後裔，以及一部分突厥阿史那氏後裔。雖然田氏本人并非粟特人後裔，但從田氏家族活動地區，兼及史君的姓氏這兩點來考量，其夫史君可能是粟特地區史國人後裔。

【參考資料】

圖版：①《北圖》第12册，第100頁；②《隋唐》洛陽卷第3册，第79頁；③《施碑選》第205頁。

録文：①《匯編》永徽086，第186—187頁；②《新編》第5部第3册，第13922頁；③《補遺》第4輯，第331—332頁。

綜合：《匯編附考》第3册第231號，第119—121頁。

相關研究：戴曉芹：《從墓志看閲讀對唐代女性生活的影響》，載樊英峰主編：《乾陵文化研究》（八），三秦出版社，2014年，第462—471頁。

【録文】

大唐故史君夫人田氏墓志銘并序／

夫人田氏，京趙①人也。即晋田侯之後也裔②。懸／清光而照物，人□（符）③其恩；任威德以臨邦，代標／其美。是小山之際，桂④樹則交暎叢生；藍田之／中，玉英則相暉間出。祖□周夏州長史。父佰，／隋寧州録事，所以聲振府朝，風流斯甚。夫人／陰儀閑雅，柔範凝明，以婉順之容，乃歸于史／氏。雖女圖婦誡，蔡烈班文，莫不總製清哀，能／事斯畢，自可永祇君子，享此長齡，猗猗與玉／潤齊芳，蔚蔚共滋蘭等茂。誰知迴雪之質，將／落花而早凋；入月之娥，逐晦魄而潜翳。嗚呼／哀哉，以永徽四年七月廿三日終于私弟，春／秋八十三。即以其年八月十一日合葬于邙／山之陽，禮也。痛風樹之不静，悼山陵之易遷，／勒金石以騰芳，與乾坤而永固。乃爲銘曰：／

懿哉令婦，今古罕聞。光華迴雪，影麗朝雲。飄／然随化，俄成一墳。兹刻玄礎，歷代騰芬。／

---

①『趙』字當作『兆』。

②『後也裔』倒文，當作『後裔也』。

③『符』字據《匯編附考》補。

④據上下句意，漫漶字或作『桂』字，用淮南小山《招隱士》『桂樹叢生兮山之幽』、蕭統《十二月啓》『桂吐華于小山之中』、庾信《枯樹賦》『小山則叢桂留人』典。

光而照物人□其息侭咸德以臨邪代
美是小山之陰□楷則交暎蒹生藍田
王英則相暉聞士祗□夏州長史父
齊州錄事所以□□甫朝風流斯甚夫
儀閑雅孝範凝明以婉順之容乃歸於
雖女量婦識蔡列班文莫罔捴勤清哀
斯畢自可永祗君子亨此長齡猗猗與
齋芳蔚蔚共茲蘭蒔茂誰知迴雪之質
范而早凋□月之娥遂晦魄而潛翳焉
式以永徽四年七月廿三日終於私第

三一 大唐故史君（信）墓志銘

大唐故史君墓誌銘并序
君諱信字安期華陰人也巖巖曾構與蓮峯而競高淼淼
長源共黃流而爭激名臣入輔君仲飛譽於西京歲宰
挂公謙播美於東漢自茲已降代濟英賢遺烈餘風於是
乎在祖雲隨任鄜州刺史六州諸軍事上柱國期城公父
萬唐任并州長史銀青光祿大夫湞昌縣開國男君鳥印
摛祥鳳標忠孝之兆龜文表質素蓄台輔之姿淮溪弘濟
惣擢訓而架宏海風儀端嶷美聯璧而秀披雲體明鏡而
澄心運虛舟而觸物於是銷聲里閈息[illegible]穎閣混迹區中
遊神域外方謂松彫歲暮擬獨秀於靈萱何圖月犯少微
奄飛光而入昴春秋六十有六以大唐麟德二年六月廿
五日卒於福善坊之第丘園寂漠空聞不扶之詞衡泌蕭
條無復棲遲之逸俾竹林交好悲隣笛以流襟蘭室良遊
悼琴亡而興歎以其年七月十二日窆於印山之陽北睇
河宮控綠圖而帶地南瞻崧巘峙翠岳以干霄西通瀍白
之開東指洋蘭之口奕陵瞰野驗七衆之有悲晉士長懷
諒九原之難作孝子伯隴懼防墓斯崩已積素王之歎[illegible]
城僅[illegible]輿詞[illegible]公之銘其詞曰
於穆先生[illegible]稱貞蘭薰雪白玉潤冰清凝神玄北鈍
黃[illegible]俗物終去塵纓丸藥斯餌羽翼可生方希倒
廬掩[illegible]城煙含柘秀風入松聲如何伊洛浮丘擅名

【解題】

墓志出土于河南洛陽，具體時間不詳，原石現藏開封博物館。[①] 拓片長51.5厘米，寬51.5厘米。志文21行，滿行22字，正書，撰者、書者、刻石者不詳。館藏拓片爲20世紀50年代購自金石名家程仲皋處之早期拓片，拓痕、石華均與《千唐》圖版一致。

史信（600—665），字安期，華陰人。墓志對史信家族的記載較爲簡略：祖父史雲，隋任荊州刺史、六州諸軍事、上柱國、期城公；父史嵩，唐任并州長史、銀青光禄大夫、須昌縣開國男。父祖兩代均擔任重要的地方官，然而史信本人終身未曾仕宦，其于麟德二年（665）六月廿五日卒于洛陽福善坊。從史信家族的郡望、姓名以及仕宦履歷來看，難以斷定其屬于粟特人。唐代史姓另有漢人、突厥人兩種族屬。姑作爲疑似收入本書。

【參考資料】

圖版：①《北圖》第14册，第144頁；②《隋唐》洛陽卷第4册，第196頁；③《輯繩》第279頁；

録文：①《匯編》麟德047，第426—427頁；②《新編》第5部第3册，第14159頁；③《補遺》第3輯，第391頁。

綜合：《匯編附考》第6册第569號，第301—303頁。

相關研究：無。

---

① 參見《洛陽出土石刻時地記》，大象出版社，2005年，第129頁。

【録文】

大唐故史君墓志銘并序／

君諱信，字安期，華陰人也。岩岩曾構，與蓮峰而競高；淼淼／長源，共箭流而争激。名臣入輔，君仲飛譽于西京；茂宰分／珪，公謙播美于東漢。自兹已降，代濟英賢，遺烈餘風，于是／乎在。祖雲，隋任荊州刺史、六州諸軍事、上柱國、期城公。父／嵩，唐任并州長史、銀青光禄大夫、須昌縣開國男。君烏印／摛祥，夙摽忠孝之兆；龜文表質，素蓄臺輔之姿。涯溪弘深，／總群川而架宏海；風儀端嶷，美聯璧而秀披雲。體明鏡而／澄心，運虚舟而觸物。于是銷聲里閈，息景檐間，混迹區中，／游神域外。方謂松凋歲暮，擬獨秀于靈芝，何圖月犯少微，／奄飛光而入昴。春秋六十有六。以大唐麟德二年六月廿／五日卒于福善坊之第。丘園寂漠，空聞不拔之詞；衡泌蕭／條，無復棲遲之逸。俾竹林交好，悲隣笛以流襟；蘭室良游，／悼琴亡而喪氣。以其年七月十二日窆于邙山之陽。北睇／河宮，控緑圖而帶地；南瞻崧巘，峙翠岳以干霄。西通馬白／之關，東指羊蘭之口。炎陵瞰野，驗七哀之有悲；晋士長懷，／諒九原之□作。孝子伯隴，懼防墓斯崩，已積素王之嘆；佳／城儻启，冀識滕公之銘。其詞曰：／

于穆先生，□美稱貞。蘭薰雪白，玉潤冰清。凝神玄牝，鋭□（想）①／黄庭。□（雖）②纏俗物，終去塵纓。丸藥斯餌，羽翼可生。方希倒□（景）③，／遽掩□（佳）④城。烟含柏秀，風入松聲。如何伊洛，浮丘擅名。／

① 『想』字據《匯編附考》補。
② 『雖』字漫漶，據《匯編》録文補。
③ 『景』字據《匯編附考》補。
④ 『佳』字爲石花所泐，據《匯編》録文補。

[illegible][illegible][illegible][illegible]而[illegible]湯名同入軌若仙飛譽於西京[illegible][illegible]
公謙播美於東漢自茲已降代濟英賢遺烈餘風於
在祖雲隨任荊州刺史六州諸軍事上柱國期城公
君任并州長史銀青光祿大夫須昌縣開國男君鳥
稱夙標志孝之兆龜文表質素蓄台輔之姿渥溪弘
偉川而架宏海風儀端嶷美聯璧而秀披雲體明鏡
[illegible]遣虛舟而觸物於是鎖聲里閈息[illegible]椐閭混迹區
神域外方謂松間歲暮擬獨秀於靈芝何圖月犯少
飛光而入昴春秋六十有六以大唐麟德二年六月
日卒於福善坊之第丘園寂漠空聞不扶之詞衡泌
無復棲遲之逸俾於林文好悲鄰笛以流襟蘭室良
泰之而壹氣以其年七月十二日窆於印山之陽北
呂控綠圖而帶地南瞻崧巘峙翠岳以干霄西通焉

三二

大唐故何處士（禕）墓志銘

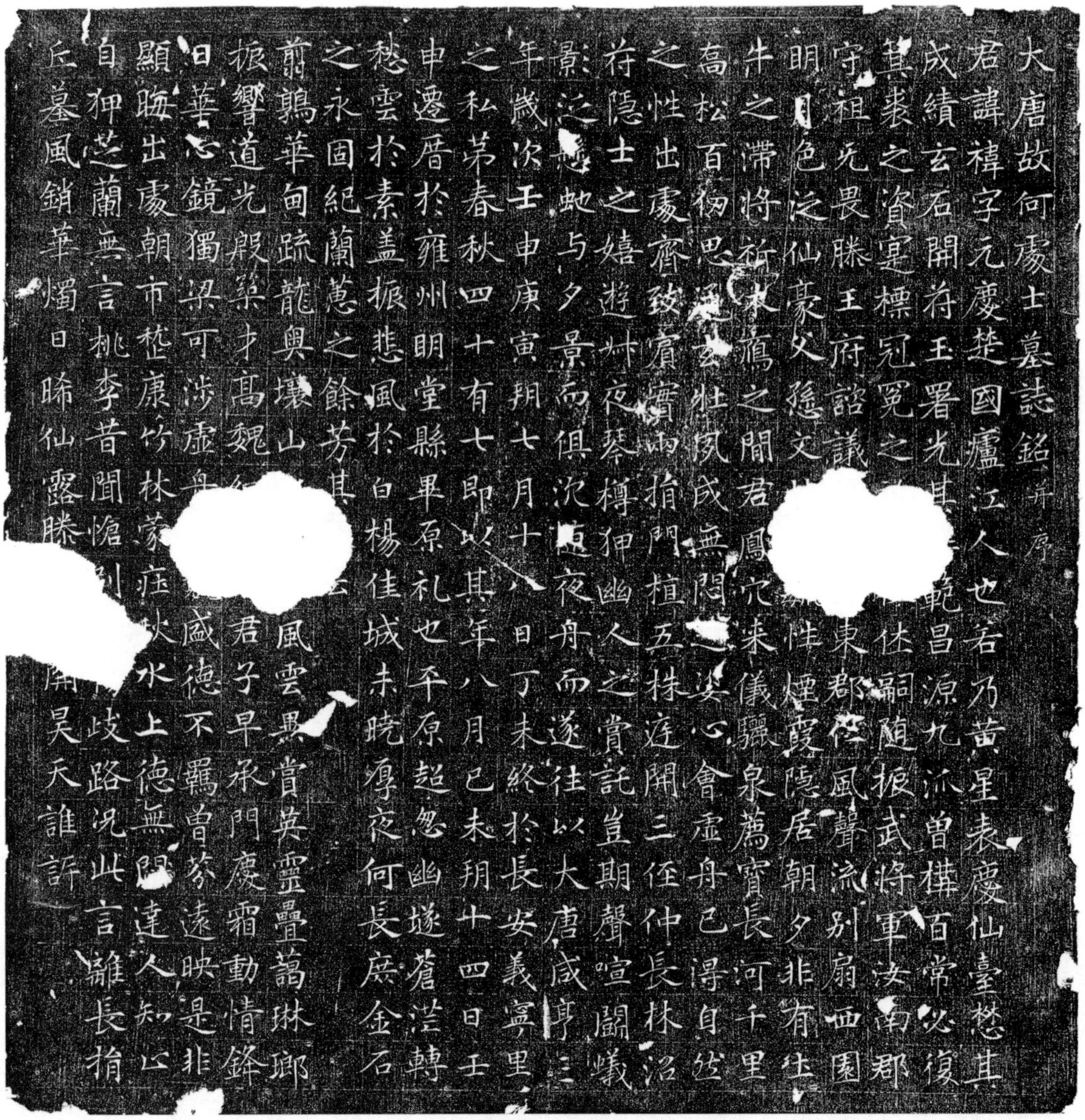

大唐故何處士墓誌銘并序
君諱禕字元慶楚國廬江人也若乃黃星表慶仙臺慭其
成績玄石開府王署光其[illegible]乾昌源九派曾構百常必復
箕裘之資寔標冠冕之[illegible]仕嗣隨振武將軍汝南郡
守祖光畏滕王府諮議[illegible]東郡從風聲流別扇西園
明月色之仙豪父懸文[illegible]性煙霞隱居朝夕非有仕
牛之滯將祈[illegible]鵷之間君鳳穴來儀驪泉薦寶長河千里
高松百仞思逸玄壯夙成無悶之姿心會虛舟已得自然
之性出處齊致賓實兩指門植五株庭開三徑仲長林沼
符隱士之嬉遊艸夜琴樽狎幽人之賞託豈期聲喧闕蟻
影泛[illegible]蚍与夕景而俱沈逝夜舟而遂往以大唐咸亨三
年歲次壬申庚寅朔七月十八日丁未終於長安義寧里
之私第春秋四十有七即以其年八月己未朔十四日壬
申遷厝於雍州明堂縣畢原礼也平原超忽幽燧蒼茫轉
愁雲於素蓋振悲風於白楊佳城未曉厚夜何長庶金石
之永固紀蘭蕙之餘芳其[illegible]云
翦鵷華甸疏龍輿壤山[illegible]風雲異賞英靈疊藹琳瑯
振響道光殷築才高魏[illegible]君子早承門慶霜動情鋒
日華心鏡獨梁可涉虛舟[illegible]盛德不羈曾芬遠映是非
顯晦出處朝市嵇康竹林蒙莊秋水上德無悶達人知止
自狎芝蘭無言桃李昔聞愴別[illegible]岐路況此言離長捐
丘墓風銷華燭日晞仙露勝[illegible]開昊天誰許

【解題】

墓志出土時間、地點、原石現存地不詳。拓片長49厘米，寬49厘米。志文22行，滿行22字，正書，間有行體，撰者、書者、刻石者不詳。紋飾不詳。此墓志筆意靈動，寫刻俱佳，然拓片較稀見，《隋唐》《北圖》均未收録，《匯編附考》僅據《陝西金石志》録文録入。館藏拓片字口清晰，序文第2行至第5行、銘文第1至3、4至6行有3處大片損泐，查武樹善《陝西金石志》録文，3處文字俱在，知其所據原刻或拓片未見損，館藏拓片傳拓相對較晚。

何褘（626—672），字元慶，楚國盧江人。性好烟霞，有隱士幽人之志，終身不仕，以處士身份去世，未見于史籍。志文稱何褘家族爲盧江何氏，但結合其曾祖何休嗣隋時任振武將軍，以及祖父何無畏曾任滕王府諮議參軍事等武職來看，何氏家族有可能是粟特何國人的後裔，遷徙至長江中下游地區。例如《隋書》中有傳的何妥、何稠叔侄，便是由青海道入四川，聚居于郫縣地區的粟特人家族。何褘的父親何悉曾任文林郎，後隱居山林，很可能是與何妥同樣，受漢化影響較深，故不再從商或擔任武職，轉而修讀墳典。到了何褘這一代，則更受道家玄風影響，終身不仕。

【參考資料】

圖版：無。

録文：①《匯編》咸亨060，第552頁；②《新編》第5部第4册，第14296頁；③《補遺》第7輯，第289頁；④武樹善纂：《陝西金石志》卷九，民國二十三年印本；⑤《陝志》卷一四三；⑥《匯編附考》第8册第743號，第203—204頁。

綜合：無。

相關研究：翁檉修，宋聯奎纂：《咸寧長安兩縣續志》卷一三，民國二十五年鉛印本。

【録文】

大唐故何處士墓志銘并序／

君諱禕，字元慶，楚國廬江人也。若乃黃星表慶，仙臺懋其／成績；玄石開符，玉署光其□（粹）①範。昌源九派，曾構百常，必復／箕裘之資，實標冠冕之□（望）。□（曾）□（祖）②休嗣，隋振武將軍、汝南郡／守；祖無畏，滕王府諮議□（參）□（軍）□（事）③；東郡仁④風，聲流別扇；西園／明月，色泛仙豪。父愻，文□（林）□（郎）；□（毓）⑤性烟霞，隱居朝夕，非有土／牛之滯，將祈木雁之間。君鳳穴來儀，驪泉薦寶，長河千里，／喬松百仞。思通玄牡⑥，夙成無悶之姿；心會虛舟，已得自然／之性。出處齊致，賓實兩捐，門植五株，庭開三徑。仲長林沼，／符隱士之嬉游；叔夜琴樽，狎幽人之賞托。豈期聲喧鬥蟻，／影泛懸蛇，與夕景而俱沉，隨夜舟而遂往。以大唐咸亨三／年歲次壬申庚寅朔七月十八日丁未，終于長安義寧里／之私第，春秋四十有七。即以其年八月己未朔十四日壬／申，遷厝于雍州明堂縣畢原，禮也。平原超忽，幽隧蒼茫，轉／愁雲于素蓋，振悲風于白楊。佳城未曉，厚夜何長，庶金石／之永固，紀蘭蕙之餘芳。其□（銘）⑦云：／

翦鶉華甸，疏龍奧壤。山□（水）□（多）□（奇）⑧，風雲異賞。英靈疊藹，琳琅／振響。道光殷築，才高魏□（網）。□（猗）□（歟）⑨君子，早承門慶。霜動情鋒，／日華心鏡。獨梁可涉，虛舟□（競）□（靡）⑩。盛德不羈，曾芬遠映。是非／顯晦，出處朝市。嵇康竹林，蒙莊秋水。上德無門，達人知止。／自狎芝蘭，無言桃李。昔聞愴別，□（猶）□（傷）⑪歧路。況此言離，長捐／丘墓。風銷華燭，日晞仙露。滕□（室）□（不）⑫開，昊天誰訴！／

①『粹』字據《陝志》補。
②『望』『曾祖』三字據《陝志》補。
③『參軍事』三字據《陝志》補。
④『仁』字，《匯編》《新編》《補遺》《陝志》作『但』，當爲『仁』字。
⑤『林郎』『毓』三字據《陝志》補。
⑥『牡』字《陝志》《匯編》《新編》作『壯』，當爲『牡』。
⑦『銘』字據《陝志》補。
⑧『水多奇』三字據《陝志》補。
⑨『網』『猗歟』三字據《陝志》補。
⑩『競靡』二字據《陝志》補。
⑪『猶傷』二字據《陝志》補。
⑫『室不』二字據《陝志》補。

松百後思□玄壯風成無隱之姿心會虛舟已得自
性出處齊致賓實雨揖門植五株庭開三徑仲長林
隱士之嬉遊卉夜琴樽狎幽人之賞託豈期聲喧闐
泛□虵与夕景而俱沉□夜舟而遂往以大唐咸亨
歲次壬申庚寅朔七月十八日丁未終於長安義寧
私第春秋四十有七即以其年八月己未朔十四日
遷厝於雍州明堂縣畢原礼也平原超忽幽隧蒼茫
雲於素蓋振悲風於白楊佳城未曉厚夜何長庶金
永固紀蘭蕙之餘芳其□云
鵷華甸蹕龍輿壤山□□□風雲異賞英靈疊藹琳
響道光殷築才高魏□□□君子早承門慶霜動情
華心鏡獨梁可涉虛舟□□盛德不羈曾芬遠映是
晦出處朝市埜康竹林蒙莊狀水上德無悶達人知

三三 大唐故史氏趙夫人墓志銘

【解題】

墓志出土于河南洛陽，具體時間不詳，原石現藏開封博物館。[①] 拓片長58厘米，寬58厘米。志文26行，滿行26字，正書，間有行體，撰者、書者、刻石者不詳。紋飾不詳。館藏拓片用淡墨，字口清晰，石花與施蟄存舊藏本、國家圖書館藏本等完全一致，當爲同時期傳拓。

趙夫人（596—675），墓志云其先爲晋人，趙夫人祖父趙才任隋許州刺史，父親趙貴，任唐汾州别駕，其家族主要活動于河南、山西地區。河南許州、洛陽、山西并州之地，是唐代粟特人重要的聚居之地，雖然趙夫人家族爲漢人，但其夫史府君則可能是粟特人，這一點從嗣子史敬博任左衛親衛可看出。二人的婚姻或是粟特人與漢人的通婚，故亦選入本書中。趙夫人于上元二年（675）十二月五日卒于洛州河南縣福善里私第，享年八十歲，史府君在此前已經去世。上元三年（676）正月二十二日，趙夫人被葬入邙山北平陰鄉史府君之舊塋。

【參考資料】

圖版：①《唐宋》185，第275頁；②《隋唐》洛陽卷第5册，第198頁；③《北圖》第16册，第28頁；④《輯繩》第346頁；⑤《施唐》第100—101頁。

録文：①《匯編》上元028，第612—613頁；②《新編》第5部第4册，第14359頁；③《補遺》第5輯，第178—179頁。

綜合：《匯編附考》第9册第820號，第99—102頁。

相關研究：無。

① 參見《隋唐》洛陽卷第5册，第198頁。

【録文】

大唐故史氏趙夫人墓志銘并序／

□（若）[1]夫挹規咸象，儔剛煥中饋之儀；酌範家人，體柔光正内之道。况乎／節高二義，鑒逾三徙，而芳□（譽）[2]不述，粹容虚泯者哉。夫人趙氏，其先晋／人也。自晝壤分官，疇庸□□秦之社；執羈效役，書勞開受耿之勛。潞／人詢德，兩日涵冬夏之景；常山獲寶，三晋擅兼并之力。豈直漢庭飛／策，居授璽之榮；京兆如神，御探丸之俗而已。祖才，隋任許州刺史。想／平輿之月論，清規載闡；□太丘之星德，雅政斯明。父貴，皇朝任汾州／別駕；龍文素襲，映汾鼎□（以）[3]相輝；驥德方申，望天池而箆影。夫人儀蘭／演慶，敷桂承華。婉四德于情田，□三復于靈府。雅琴流水，聆絶曲以／馳聰；瑞雪飛花，目回飆而警思。別器异樿之禮，傷槐折軸之辭，咸契／生知，寧資姆誨。洎乎夕榆鑒户，步仙娥而下月；初梅啓候，翥靈鷗以／從天。舉桉裁儀，始展梁門之敬；隤□居慕，終嬰杞婦之悲。仰斷織之／芳猷，垂退金之弘訓。雖母師擅名□（于）[4]□上，貞姬效節于郢中，比之夫／人，蔑如也。豈圖運□輔仁，應乖隨命，露光晞彩，長辭林下之風；日及／韜華，永謝巫山之靄。以大唐上元二年十二月五日卒于洛州河南／縣福善里私第，春秋八十。即以上元三年歲次景子正月庚子朔廿／二日辛酉合葬于邙山北平陰鄉界府君之舊塋，禮也。嗣子左衛親／衛敬博，溢米不資，欒容殆滅。荒情望屺，陽餘息于履霜；悲思聞風，結／□□于觀樹。將恐玄扃一鍵，無洿雞人之旦；滄池蹔化，便昏馬鬣之／規。庶因貞石，傳之不朽。其詞曰：□昭昭素諜，茫茫玄古。列服崇庸，分／官胙土。翦桐開晋，苴茅辟魯。赫哉黄族，疏秦啓祖。其一承珪分寵，錫旗／貽慶。素履凝貞，黄離湛性。嵇松孤引，潘江迭映。實謂伊人，邦家之令。／其二婉容斯誕，嫕[5]德是光。儀璣比潤，藴蕙圖芳。婺珠臨靨，仙鈎照黄。乘／龍弈弈，鳴鳳鏘鏘。其三不憖良人，奄先芸落。匣分雙劍，琴悲隻鶴。斷機／明訓，止閭存諸，如何令淑，嬰斯疢瘼？其四高唐雨散，崦嵫景斜。夙[6]驚蜧／壙，永[7]咽塗車。悲泉結靈，契隴飛沙。蕭蕭兮松柏，遂蔭質而爲家。其五／

①『若』字據《匯編附考》補。
②『譽』字據《匯編》補。
③『以』字據《匯編》補。
④『于』字據《匯編》補。
⑤『嫕』字《匯編》《新編》作『嫟』，《補遺》作『嫕』。察館藏拓片，當作『嫕』。
⑥『夙』字《匯編》《新編》《補遺》作『風』，據館藏拓片，當作『夙』。
⑦『永』字《匯編》《新編》《補遺》作『水』，據館藏拓片，當作『永』。

居□壟之□京兆□□之□□□□□□□□□□□□□□
興之月論青規載□□□大位之星□雅政斯明父貴皇朝任谷
駕龍文彥□映洸鼎□□相輝驥旂方中望天池而□彰夫人儀
慶敷林承華婉四德於情□□三復於靈府雅琴流水聆絕曲
聰瑞雪飛花目迴飆而譬思□器異輝之禮傷挽析軸之辭咸
知寧資姆誨洎手多揄翣尸步□娥而下月初梅啓倏者靈魄
天舉桉裁儀始展梁門之敬儐□慕終嬰杞婦之悲仰斷織
猷垂退金之弘訓雖母師檀名□□上萬姬效節於郢中比之
幾如也豈圖運□輔佐應乖□□露光晞彩長辭林下之風日
華永謝巫山之□□大唐上元二年十□月五日卒於洛州河
福善里私第春秋八十即以上元三年歲次景子正月庚子朔
日辛酉合葬於邙山北平陰鄉界府君之舊塋禮也嗣子左衛
□傳溢求不資藥容殆臧荒情塗屺陽餘息於履霜悲思聞風
□於觀樹將□玄扃□鍵無復雞人之旦滄池暫化便昏鴻鵠
□因貞石傳之不朽其詞曰昭昭素誅茫漢玄哲列服崇庸
祚去翦桐翼晉道茅歸魯赫哉黃族疏秦啓祖其承佳分龍錫

三四

大唐故朝請郎前行绛州稷山縣丞何府君墓志銘

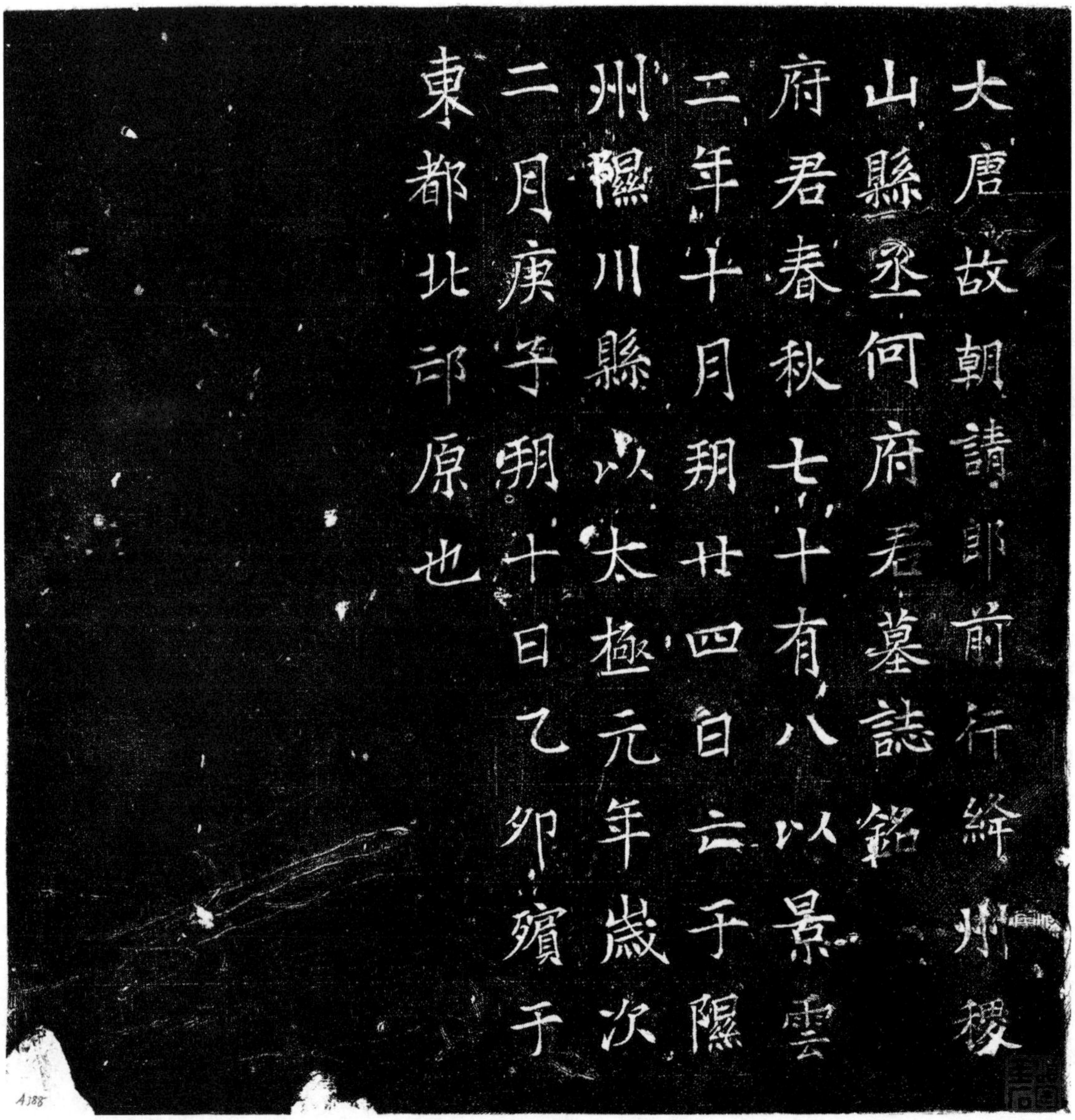
大唐故朝請郎前行絳州稷
山縣丞何府君墓誌銘
府君春秋七十有八以景雲
二年十月朔廿四日亡于隰
州隰川縣以太極元年歲次
二月庚子朔十日己卯殯于
東都北邙原也

【解題】

墓志出土于河南洛陽，具體時間不詳，原石現藏開封博物館。[1]志石長36厘米，寬36厘米。志文7行，滿行11字，正書，撰者、書者、刻石者不詳。紋飾不詳。館藏拓片用濃墨拓，拓工精善，上有『頌國金石』陰文方印。

何府君（634—711），名字、籍貫不詳，官階六品上文散官之朝請郎，實職爲绛州稷山縣丞。景雲二年（711）十月廿四日亡于隰州隰川縣，太極元年（712）二月十日殯于東都北邙原。雖然何府君郡望未曉，然其仕宦地處山西并州附近，死後又歸葬于洛陽北邙，而并州、洛陽是粟特人重要的聚居地區，故何府君有可能爲粟特人，姑收録進本書。

① 參見《洛陽出土石刻時地記》，大象出版社，2005年，第176頁。《隋唐》洛陽卷第8册，第167頁。

【參考資料】

圖版：①《唐宋》第263號；②《北圖》第20册，第142頁；③《隋唐》洛陽卷第8册，第167頁。

録文：①《匯編》太極002，第1137頁；②《新編》第5部第4册，第14874頁；③《補遺》第7輯，第504頁。

綜合：《匯編附考》第16册第1520號，第93—96頁。

相關論文：無。

【録文】

大唐故朝請郎前行绛州稷／山縣丞何府君墓志銘／

府君春秋七十有八，以景雲／二年十月朔廿四日亡于隰／州隰川縣，以太極元年歲次／二月庚子朔十[1]日乙卯殯于／東都北邙原也。／

① 按庚子朔計算，乙卯當爲十六日，『十』字後疑脱一『六』字。

三五　大唐汝州魯陽府別將胡明期母曹夫人墓志銘

大唐汝州魯陽府別將胡明期母曹夫人誌銘并序
維開元十九年辛未歲三月廿六日汝
州魯陽府別將母曹夫人終于進德坊
粤四月七日乙卯殯於洛城東北陽王
寂村禮也夫人性質柔惠心體幽閑進
退可師俯仰成則樂妻斷織無以諭其
勵夫孟母移居未議方於訓子而風雨
為媒霜露感疾返魂之香難見閱川之
恨已深哀子明期痛結終天哀纏畢地
恐人代遷易原野荒蕪爰勒貞規誌于
幽石銘曰
高堂摧兮大隧開　聖善居此兮謂何哉
泉扃夜臺相窈窱　千秋萬歲何時曉
前國子助教將　勅和太常儀注舊國俊撰

【解題】

墓志出土于河南省洛陽市，出土時間不詳，原石現藏開封博物館。①拓片長36厘米，寬36厘米。志文13行，滿行15字，正書，騫國俊撰，書者、刻石者不詳。紋飾不詳。

曹夫人（?—731），生辰日不詳。其子胡明期爲汝州魯陽府别將。曹姓雖然是中原舊有姓氏，但亦爲昭武九姓之一。由胡明期的姓氏及武將身份來看，曹夫人與其夫有可能是胡漢或胡人武將家庭的聯姻，姑收入本書中。曹夫人卒于開元十九年（731）二月廿六日，同年四月七日葬于洛城東北隅王寇村。

【參考資料】

圖版：①《唐宋》第292號；②《北圖》第23册，第46頁；③《隋唐》洛陽卷第10册，第21頁。

録文：①《匯編》開元323，第845頁；②《新編》第2部第4册，第4644頁；③《補遺》第4輯，第20頁。

綜合：無。

相關研究：無。

① 參見《洛陽出土石刻時地記》，大象出版社，2005年，第248頁。

【録文】

大唐汝州魯陽府別將胡明期母曹夫人志銘并序／

維開元十九年辛未歲二月廿六日，汝／州魯陽府別將母曹夫人終于進德坊，／粤四月七日己卯殯于洛城東北隅王／寇村，禮也。夫人性質柔惠，心體幽閑，進／退可師，俯仰成則。樂妻斷織，無以諭其／勵夫；孟母移居，未議方于訓子，而風雨／爲媒，霜露成疾，返魂之香難見，閱川之／恨已深。哀子明期痛結終天，哀纏畢地，／恐人代遷易，原野荒蕪，爰勒貞規，志于／幽石。銘曰：／

高唐摧兮大隧開，□聖善居此兮謂何哉！／泉扃夜壹相窈窕，□千秋萬歲何時曉？／

前國子助教特□敕知太常儀注騫國俊撰／

大唐汝州魯陽府別將胡明期母書夫人誌銘并序

維開元十九年辛未歲二月廿六日汝

州魯陽府別將母書夫人終于進德坊

粤四月七日己卯殯於洛城東北隅王

寂村禮也夫人性質柔惠心體幽閑進

退可師儀御成則樂妻斷織無以諭其

勵夫孟母移居未議方於訓子而風雨

為媒霜露成疾返魂之香難見閱川之

恨已深哀子明期痛結終天哀纏畢地

恐人代遷易原野荒蕪爰勒貞規誌于

三六　唐故河南府兵曹何府君（寂）墓志銘

唐故河南府兵曹何府君墓誌銘并序
河南府參軍裴汯撰
夫生也有涯盖之常理殁而不朽其唯盛德焉孚見之於何
公矣公諱寂蜀郡人也遠祖前漢武洎後漢晉晉子晏香名
龍位亦世其昌建封受氏有自来矣曾祖璟隨巴州司馬祖
[illegible]皇太子洗馬父福明經常選素風餘業代濟厥美公禀
[illegible]矣之靈岻峨之精孤標傑出辟立千仞年弱冠宿衛通經
高第調選補蘭州平泉邛州臨邛二薄應　制舉授絳州夏
尉歷壽安主薄理劇無撓閑邪不回貞白逾堅造次必是有
耻其進不可得而退也出宰坊州中部令宣風百里沿葦一
變之翳是頼　帝用嘉之曾未朞年　制授監察御史以身
許國與物無競好直多忤為時不容出為常州晉陵令無何
秋遷太原府法曹兼充山南採訪判官事道在則是莫形於
色壯心不屈所向無前俄而　制除河南府兵曹甄其勞也
然後從容翰墨雅贍詞藻言成響應紙落雲飛亦謂一時之
風流千載之芳譽者也項經痾瘵匆藥無徵廿六年春終於
洛陽惠和里私第春秋七十四月十一日安厝北邙之原從
儉約也嗟乎樂天知命達也怛化又歸窮也窮也達也吾安
得而聞之昔嘗同寮庶慕遺業嗣子潛浦等煢煢在疚泣血
無從冀[illegible]紹之不孤期臧孫之有後敢為銘曰
洛水之湄邙山之曲萬化都盡百身無贖于嗟若人宅兆去
卜青烏發[illegible]白馬將尖其一窅窅長夜滔滔逝川撫孤增慟涕
泣交漣萬物身外平生目前窮泉一閉白日何年其二

【解題】

墓志出土于洛陽後李村北地，具體時間不詳，原石現藏河南省洛陽市新安縣千唐志齋博物館。[1]志石長54厘米，寬54厘米。志文23行，滿行23字，裴洓撰，正書，書者、刻石者不詳。紋飾不詳。館藏拓片爲早期傳拓，拓片四周边缘較先行出版諸圖版更加清晰完整。

何宬（669—738），蜀郡人。曾祖何璟任隋巴州司馬，祖父何凈任皇太子洗馬，父何福爲明經常選。墓志追附家族源流至廬江何氏，但是其家族郡望里貫以及仕宦經歷，與何妥、何稠叔侄非常相似，可能是聚居于蜀地的何姓粟特家族。何宬承先輩令範，年少有爲，弱冠之年便中高第，被選爲簡州平泉、邛州臨邛二地主薄，後又獲授絳州夏尉，歷任壽安主簿；還曾任坊州中部令，治理有方，得皇帝嘉賞，未滿一年便又獲授監察御史，後出任常州晋陵令，又遷太原府法曹兼充山南采訪判官事，除河南府兵曹。何宬有嗣子何濬、何浦。志主一生以身許國，好直多忤，樂天知命。何宬于開元二十六年（738）春病逝于洛陽惠和私第，其年四月十一日安葬于北邙之原。墓志撰者爲志主生前同僚，其筆力遒勁，用情懇實。

① 參見《洛陽出土石刻時地記》，大象出版社，2005年，第264頁。《隋唐》洛陽卷第10册，第91頁。

【參考資料】

圖版：①《北圖》第24册，第60頁；②《隋唐》洛陽卷第10册，第147頁；③《千唐》第771頁。

録文：①《匯編》開元467，第1478頁；②《新編》第4部第2册，第3794頁；③《補遺》第1輯，第140頁。

綜合：無。

相關研究：無。

【録文】

唐故河南府兵曹何府君墓志銘并序／

河南府參軍裴汯撰／

夫生也有涯，蓋之常理；歿而不朽，其維盛德。嗚呼，見之于何／公矣！公諱寂，蜀郡人也。遠祖前漢武，洎後漢晋，晋子晏，香名／寵位，弈世其昌，建封受氏，有自來矣。曾祖璟，隋巴州司馬。祖／浄，皇太子洗馬。父福，明經常選。素風餘業，代濟厥美。公稟□／蒼昊之靈，岷峨之精，孤標杰出，壁立千仞。年弱冠，宿衛，通經／高第，調選補簡州平泉、邛州臨邛二薄。應□制舉，授絳州夏／尉，歷壽安主簿，理劇無撓，閑邪不回，貞白逾堅，造次必是，有／取其進不可得而退也。出宰坊州中部令，宣風百里，沿革一／變，人翳是賴，□帝用嘉之。曾未期年，□制授監察御史，以身／許國，與物無競，好直多忤，爲時不容，出爲常州晋陵令，無何，／稍遷太原府法曹兼充山南采訪判官事。道在則是，莫形于／色，壯心不屈，所向無前。俄而□制除河南府兵曹，甄其勞也。／然後從容翰墨，雅贍詞藻，言成響應，紙落雲飛，亦謂一時之／風流，千載之芳譽者也。項纏屙瘵，勿藥無徵，廿六年春，終于／洛陽惠和里私第，春秋七十。四月十一日，安厝北邙之原，從／儉約也。嗟乎！樂天知命，達也；恒化反歸，窮窮也也。達也，吾安／得而間之？昔嘗同僚，庶纂遺業。嗣子濬、浦等煢煢在疚，泣血／無從，冀嵇紹之不孤，期臧孫之有後，敢爲銘曰：／

洛水之湄，邙山之曲。萬化都盡，百身無贖。于嗟若人，宅兆云／卜。青烏發引，白馬將哭。其一 窅窅長夜，滔滔逝川。撫孤增慟，涕／泣交漣。萬物身外，平生目前。窮泉一閉，白日何年？其二／

生也有涯蓋之常理殁而不朽其唯盛德立言之才
矣公諱寂蜀郡人也遠祖前漢武洎後漢晉晉孚晏香
位華世其昌建封受氏有自來矣曾祖環隨邑州司馬
皇太子洗馬父福明經常選素風餘業代濟厥美公適
天之靈祗峨之精孤標傑出辟立千仞年纔冠宿衛通
第調選補簡州平泉邛州臨邛二簿應制舉授絳州
歷壽安主簿理劇無撓閑邪不回貞白逾堅造次必是
其進不可得而退也出宰坊州中部令宣風百里泣莫
之翳是賴亦用嘉之曾未朞年　制授監察御史以
國與物無競好直多忤為時不容出為常州晉陵令無
遷太原府法曹兼充山南採訪判官事道在則是莫非
壯心不屈所向無前俄而　制除河南府兵曹甄其勞
後從容翰墨雅贍詞藻言成響應紙落雲飛亦謂一時
流千載之芳譽者也頃纏商察勿藥無徵廿六年春冬

三七

故皇朝史府君（庭）墓志銘

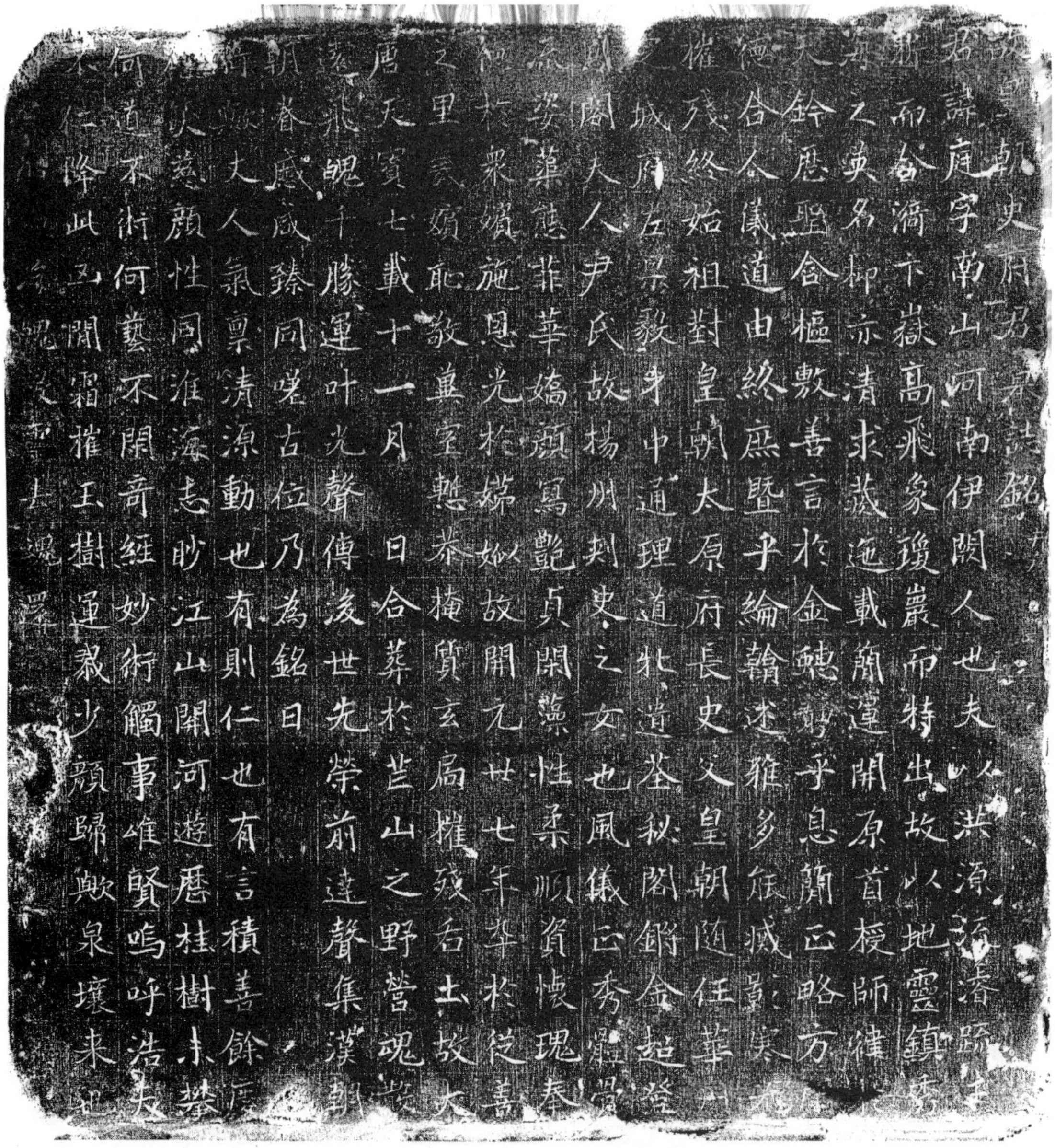

【解題】

墓志出土于洛陽馬坡村，具體時間不詳，原石現藏河南省洛陽市千唐志齋博物館。[①] 拓片長 46 厘米，寬 45 厘米。志文 20 行，滿行 20 字，正書，撰者、書者、刻石者不詳。紋飾不詳。館藏拓片底部較先行出版諸圖版細節更完整。

史庭（?—739），河南伊闕人。祖父史對，爲唐朝太原府長史，是太原實際主持政務的最高長官，地位相當顯要；父爲唐朝華州定城府左果毅，雖然職位較低，但屬于近畿要地。夫人尹氏，揚州刺史之女。有學者認爲史庭是胡人，僅從姓氏與職業來看，史庭家族有可能是粟特人或者突厥人，考慮到洛陽、太原中古時期爲粟特人重要的聚居之地，故相較于突厥人，史庭更可能是粟特人。也有學者考慮到史庭的郡望及婚姻關係，認爲他是漢人史氏的後裔。史庭于開元二十七年（739）卒于從善里。天寶七年（748）十一月夫婦合葬于邙山。

【參考資料】

圖版：①《北圖》第 25 冊，第 160 頁；②《隋唐》洛陽卷第 11 冊，第 113 頁；③《千唐》第 845 頁。

録文：①《匯編》天寶 139，第 1629—1630 頁；②《新編》第 5 部第 5 冊，第 15228 頁；③《補遺》第 2 輯，第 544 頁。

綜合：無。

相關研究：①畢波：《中古中國的粟特胡人——以長安爲中心》，中國人民大學出版社，2011 年；②周曉薇：《西安新見隋〈史崇基墓志〉與中古史氏脉系》，《文博》2019 年第 1 期，第 82—87 頁。

① 參見《洛陽出土石刻時地記》，大象出版社，2005 年，第 284 頁。

【録文】

故皇朝史府君墓志銘并序／

君諱庭，字南山，河南伊闕人也。夫以洪源流濬，疏玉／淅而含漪；卞岳高飛，象瓊岩而特出。故以地靈鎮秀／海之英名，抑亦清求，葳迤載簡。運開原首，授師律于／天鈐；歷聖含樞，敷善言于金蟪。静乎息簡，正略方閑，／德合人儀，道由終庶。暨乎綸翰，述雅多能，滅影寒光，／摧殘終始。祖對，皇朝太原府長史。父皇朝随①任華州／定城府左果毅。才中通理，道牝遺荎，秘閣鏘金，超登／鳳閣。夫人尹氏，故揚州刺史之女也。風儀正秀，體骨／流姿，蕤態菲華，嬌顔寫艷。貞閑藻性，柔順資懷，瑰奉／德于衆嬪，施恩光于娣姒。故開元廿七年卒于從善／之里。幾嬪恥敬，冀室慚恭，掩質玄扃，摧殘后土。故大／唐天寶七載十一月□日，合葬于芒山之野。營魂散／遠，飛魄千勝，運葉光聲，傳②後世；先榮前達，聲集漢朝。／朝③眷戚咸臻，同嗟古位。乃爲銘曰：／

猗歟丈人，氣稟清源。動也有則，仁也有言。積善餘慶，／□笑慈顔。性同淮海，志眇江山。關河游歷，桂樹未攀。／何道不術？何藝不閑？奇經妙術，觸事唯賢。嗚呼！浩天／不仁，降此凶閑，霜摧玉樹，運戮少顔。歸歟泉壤，來也／芒山，神海魄散，靈去魂還。／

---

①「随」字疑爲衍文。
②「後」字前疑脱一字。
③「朝」字疑爲衍文。

庭字南山河南伊闕人也夫法淵深足
合濟下嶽高飛象擾巖而特出故以地靈鎮
英名柳京清求茂迹載籍蓮開原首稜師律
歷聖舍樞數善言於金聽聲乎息簡正略方
公儀道由終庶暨乎綸翰述雅多能藏章矣
終始祖對皇朝太原府長史父皇朝隨任華
府左景毅才中通理道北道荃秋閣銷金超
夫人尹氏故揚州刺史之女也風儀正秀巖
藻慧菲華嬌顏鳳艷貞閑藻性柔順資懷瑰
眾嬪施恩光於嫦娥故開元廿七年卒於從
矣嬪恥敬奠室暫恭梅質玄扃權殘香土哉
貞廿載十一月日合葬於芒山之野營兆

三八

唐太原王公故夫人曹氏墓志銘

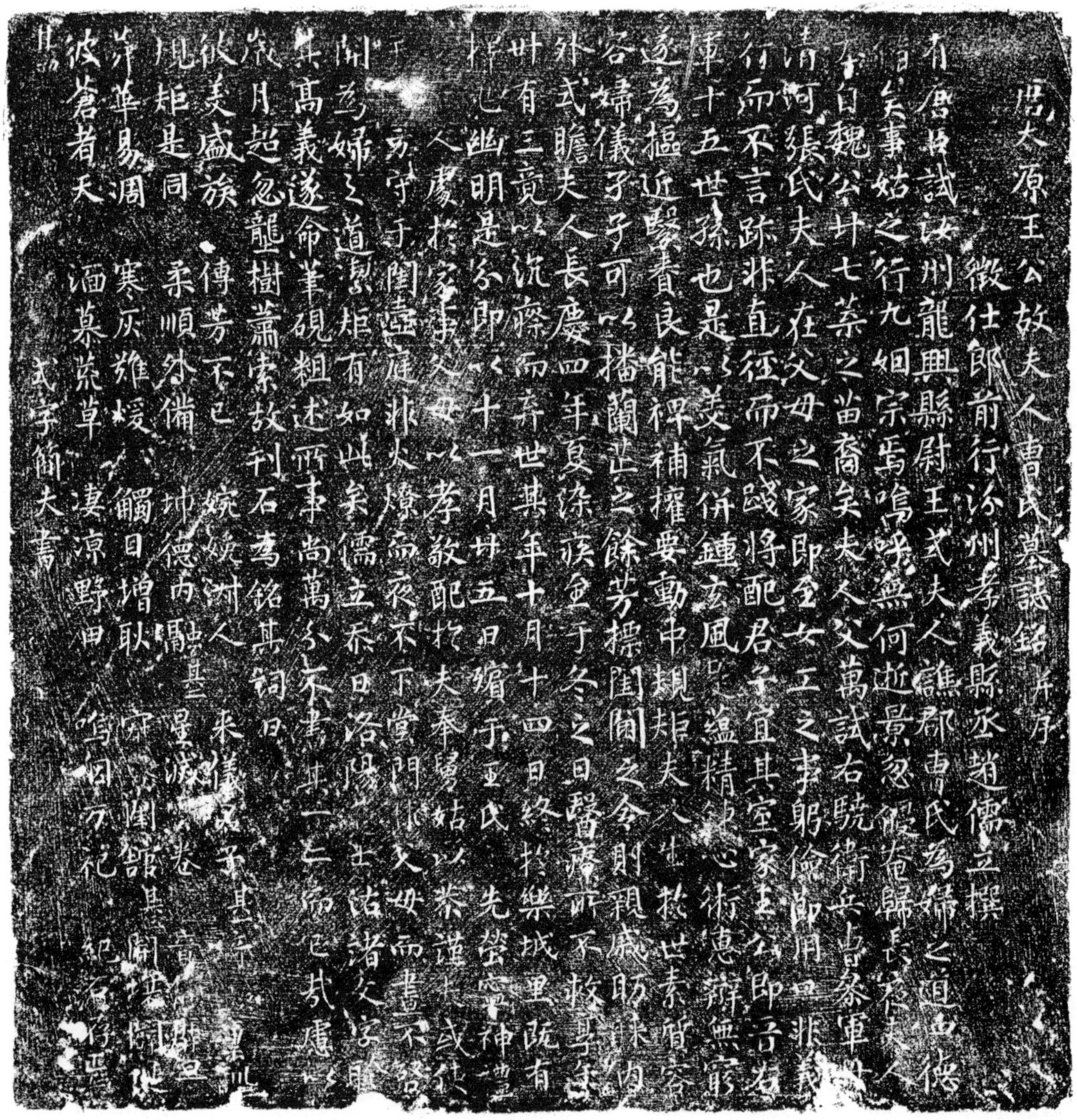

【解題】

墓志于1936年11月12日出土于洛陽馬溝村，原石現藏河南省新安縣千唐志齋博物館。[①] 拓片長41.5厘米，寬41.5厘米。志文23行，滿行24字。趙儒立撰，王式書，正書，間雜行書，刻石者不詳。紋飾不詳。

王式夫人曹氏（790—824），譙郡人，唐長慶四年（824）十月十四日終于樂城里，其年十一月二十五日葬于王氏先塋。父曹萬，試右驍衛兵曹參軍。母清河張氏。夫王式，晋王右軍十五世孫。譙郡曹氏爲中原舊姓，不過曹氏自稱郡出自譙郡曹氏，或爲攀附，其父曹萬身參武職，該職爲粟特人素常之選擇，其家族有可能爲粟特人，故收入本書中。曹氏與王氏、曹氏與張氏之聯姻，亦是其家族漢化的表現。

【參考資料】

圖版：①《隋唐》洛陽卷第13册，第67頁；②《千唐》第1025頁。

録文：①《匯編》長慶030，第2079—2080頁；②《新編》第4部第1册，第8520頁；③《補遺》第1輯，第286頁。

綜合：無。

相關研究：無。

① 參見《洛陽出土石刻時地記》，大象出版社，2005年，第344頁。

【録文】

唐太原王公故夫人曹氏墓志銘并序／

徵仕郎前行汾州孝義縣丞趙儒立撰／

有唐臣試汝州龍興縣尉王式夫人譙郡曹氏，爲婦之道，四德／備矣；事姑之行，九姻宗焉。嗚呼！無何，逝景忽侵，奄歸長夜。夫人／本自魏公廿七葉之苗裔矣。夫人父萬，試右驍衛兵曹參軍。母／清河張氏。夫人在父母之家，即至女工之事，躬儉節用，口非義／行而不言，迹非直徑而不踐。將配君子，宜其室家。王公即晋右／軍十五世孫也。是以美氣并鍾，玄風是蕴，精鍊心術，惠辯無窮，／遂爲樞近，緊賚良能，裨補權要，動中規矩。夫人生于世，素質容／容，婦儀孑孑，可以播蘭芷之餘芳，標閨閫之令則。親戚眄睞，内／外式瞻。夫人長慶四年夏染疾，至于冬之日，醫療所不救，享年／卅有三，竟以沉瘵而弃世。其年十月十四日，終于樂城里。既有①／擇兆，幽明是分。即以十一月廿五日殯于王氏　先塋，寧神，禮／□。□（夫）人處于家，事父母以孝敬；配于夫，奉舅姑以恭謹。夫或使／□□方守于閨壼，庭非火燎而夜不下堂，門非父母而晝不啓／闢。爲婦之道，潔矩有如此矣。儒立忝曰洛陽進②士，沽諸文字，聆／其高義，遂命筆硯，粗述所事，尚萬分不盡其一二而已哉。慮以／歲月超忽，壟樹蕭索，故刊石爲銘，其詞曰：／

彼美盛族，　傳芳不已。　婉娩淑人，　來儀君子。其一　奇□（遐）③稟訓，／規矩是同。　柔順外備，　坤德内融。其二　星滅雲卷，　音□靡旦。／蕣華易凋，　寒灰難煖。　觸目增耿，　寂寮閨館。其三　開壤闢埏，／彼蒼者天。　湎慕荒草，　凄凉野田。　嗚咽万祀，　紀石存焉。／其四

式字簡夫書／

①『有』字《匯編》作『捐』，《補遺》闕文，依館藏拓片當作『有』。

②『進』字《匯編》《補遺》闕文，依館藏拓片殘筆，當作『進』。

③『遐』字據《匯編》《補遺》補。

唐大原王公故夫人曹氏墓誌銘

徵仕郎前行汾州孝義縣丞趙儒立撰

唐前試汝州龍興縣尉王式夫人譙郡曹氏爲婦之道

矣事姑之行九姻宗焉嗚呼無何逝景忽假奄歸長夜

自魏公廿七葉之苗裔矣夫人父萬試右驍衛兵曹參軍

河張氏夫人在父母之家即重女工之事躬儉節用四非

命不言跡非直徑而不踐將配君子宜其室家主公郎

十五世孫也是以美氣併鍾玄風足蘊精練心術德辯

爲樞近賢貴良能裨補權要動中規矩夫人生於世素所

婦儀子子可以播蘭芷之餘芳標閨閫之令則親戚盼

式瞻夫人長慶四年夏染疾至于冬之日醫療所不救

有三竟以沉瘵而棄世其年十月十四日終於樂城里

也幽明是分郎以十一月廿五日殯于王氏先塋

三九

福建都團練押衙何君（洪）志銘

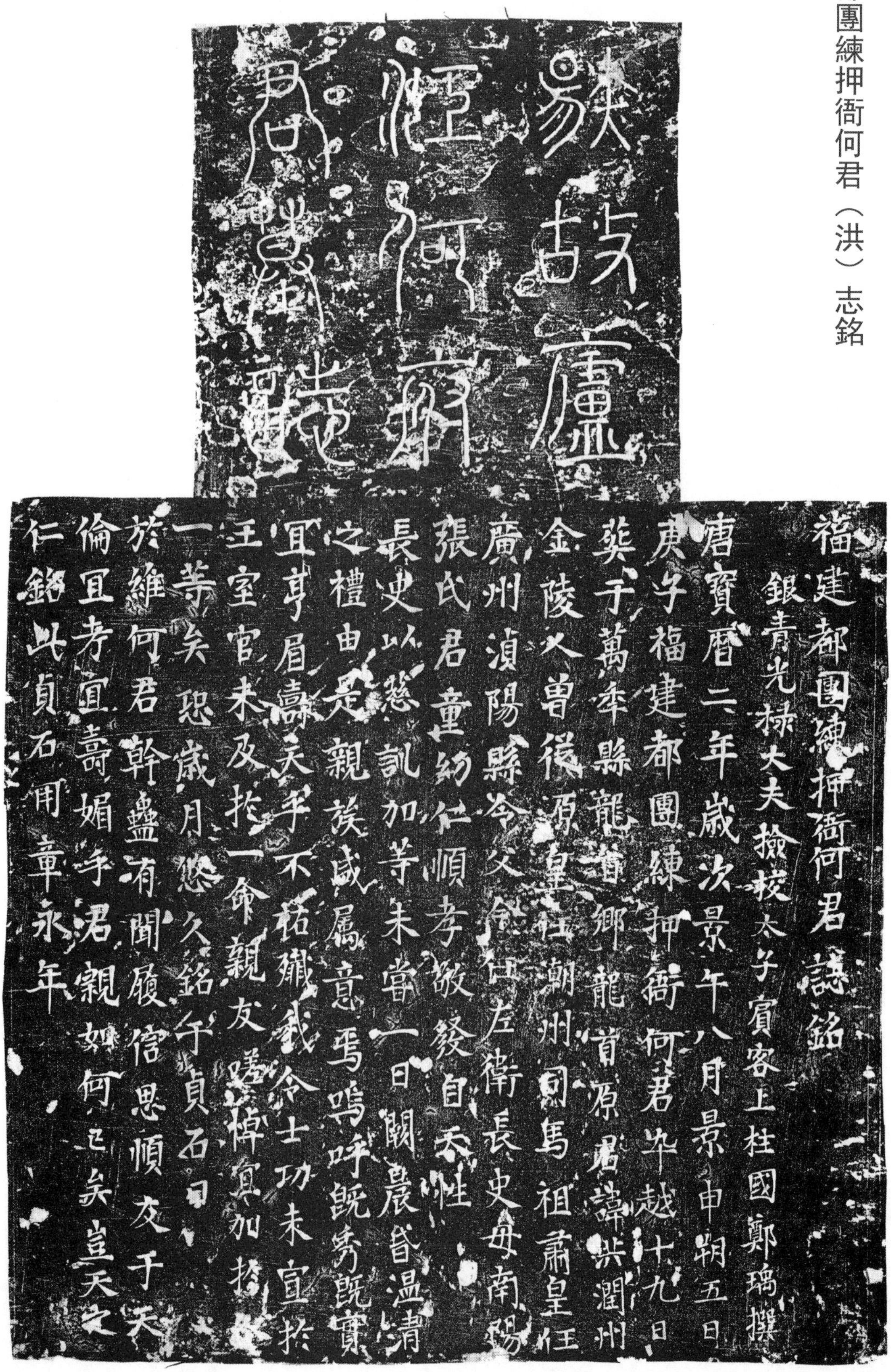
福建都團練押衙何君誌銘
銀青光祿大夫撿校太子賓客上柱國鄭璃撰
唐寶曆二年歲次景午八月景申朔五日
庚子福建都團練押衙何君卒越十九日
葬于萬年縣龍首鄉龍首原君諱洪潤州
金陵人曾從原皇任潮州司馬祖肅皇任
廣州湞陽縣令父銑任左衛長史母南陽
張氏君童幼仁順孝敬發自天性
長史以慈訓加等未嘗一日闕晨昏溫凊
之禮由是親族咸屬意焉嗚呼既秀既實
宜享眉壽天乎不祐殲我令士功未宣於
王室官未及於一命親友嗟悼宜加於
一等矣恐歲月悠久銘于貞石曰
於維何君幹蠱有聞履信思順交于天
倫宜孝宜壽媚乎君親如何已矣皇天之
仁銘此貞石用章永年

【解題】

墓志出土于陝西西安，具體時間不詳，原石現存地亦不詳。拓片長38厘米、寬39厘米。志文16行，滿行16字，鄭瑀撰，書者、刻石者不詳，正書。紋飾不詳。志蓋拓片長21厘米，寬21厘米。銘文3行，行3字，篆書『唐故盧江何府君墓志』，纖秀平整。先行出版諸圖録、録文皆無蓋。

何洪（？—826），潤州金陵人。金陵即上元縣。志蓋稱『盧江何府君』，墓志云『潤州金陵人』，盧江當是追攀的郡望，而潤州金陵則是其里貫。中唐以後何姓粟特人墓志多追攀盧江爲其郡望之地。其曾祖父何從源任潮州司馬，祖父何肅任廣州湞陽縣令，父任左衛長史，母爲南陽張氏。其家族主要活動于海運、水路交通便利的廣東、江南地區。雖然出土墓志中江淮地區粟特人較少，但江淮地區的一些大城市，如揚州、廣陵、蘇州等是中唐胡商的集中之地，唐人筆記中多有相關故事。加之何洪曾祖曾任潮州司馬，本人任福建都團練押衙，司任武職，故綜合考慮，其家族有較大可能性爲粟特人後裔。何洪于唐寶曆二年（826）八月十九日葬于萬年縣龍首鄉龍首原。

【參考資料】

圖版：①《北圖》第30册，第65頁；②《隋唐》北大卷第2册，第83頁。

録文：①《匯編》寶曆016，第2090—2091頁；②《新編》第4部第1册，第8611頁；③《補遺》第4輯，第112—113頁。

綜合：無。

相關研究：無。

【録文】

福建都團練押衙何君志銘／

銀青光禄大夫檢校太子賓客上柱國鄭瑀撰／

唐寶曆二年歲次景午八月景申朔五日／庚子，福建都團練押衙何君卒，越十九日，／葬于萬年縣龍首鄉龍首原。君諱洪，潤州／金陵人。曾從源，皇任潮州司馬；祖肅，皇任／廣州湞陽縣令；父今，任左衛長史；母，南陽／張氏。君童幼，仁順孝敬，發自天性。□□／長史以慈訓加等，未嘗一日闕晨昏温清／之禮。由是親族咸屬意焉。嗚呼！既秀既實，／宜享眉壽，天乎不佑，殲我令士，功未宣于／王室，官未及于一命，親友嗟悼，宜加于[人]／一等矣！恐歲月悠久，銘于貞石曰：／

于維何君，幹蠱有聞。履信思順，友于天／倫。宜考宜壽，媚乎君親。如何已矣，豈天之／仁？銘此貞石，用章永年。／

附録

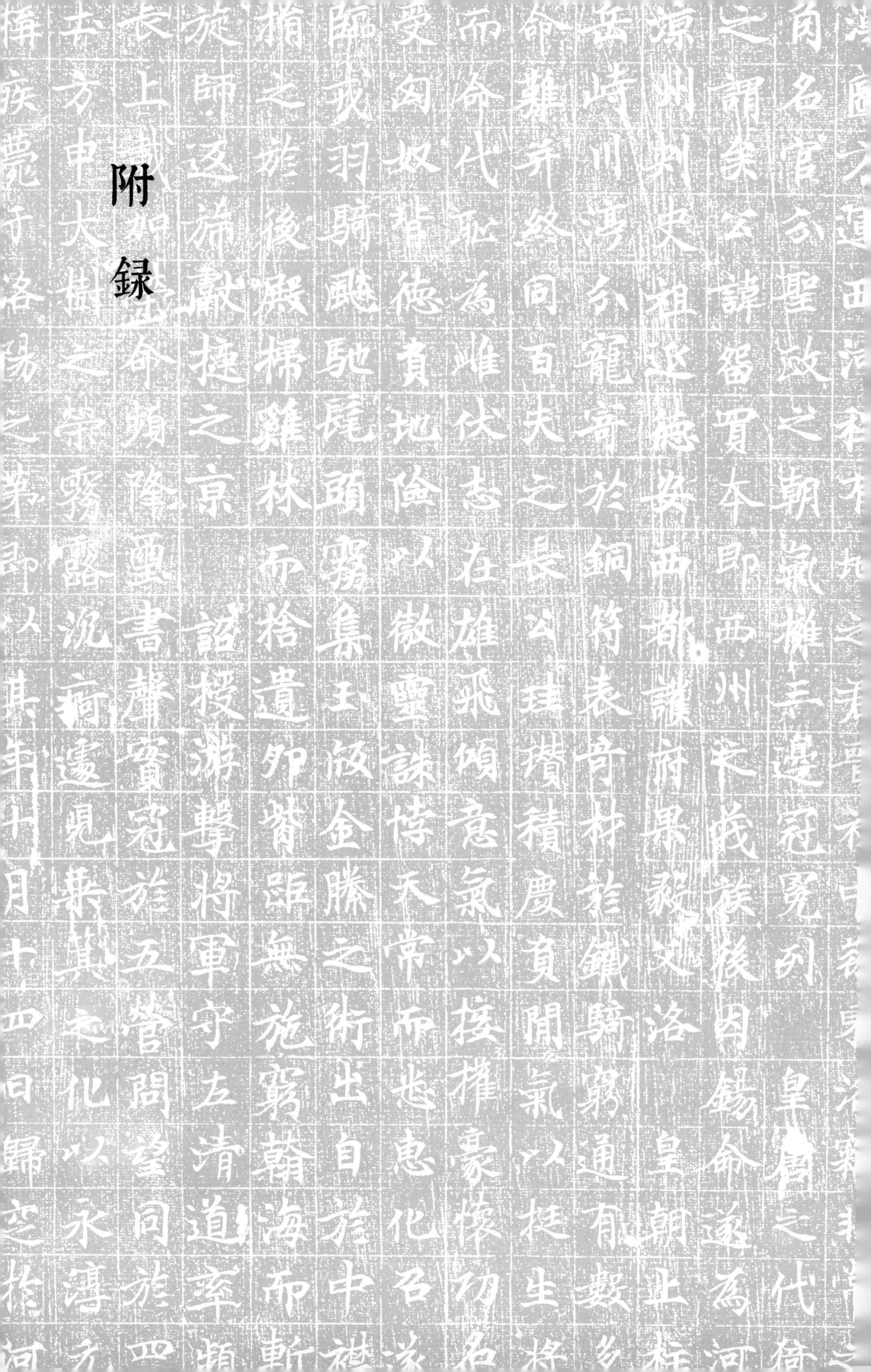

附録一：文獻簡稱表

《千唐》＝河南省文物研究所、河南省洛陽地區文管處編：《千唐志齋藏志》上下，北京文物出版社，1984年。

《匯編附考》＝毛漢光：《唐代墓志匯編附考》1—18，臺灣中央研究院歷史語言研究所，1984—1994年。

《北圖》＝北京圖書館金石組編：《北京圖書館藏中國歷代石刻拓本匯編》100册，中州古籍出版社，1989—1991年。

《輯繩》＝洛陽市文物工作隊編：《洛陽出土歷代墓志輯繩》，北京中國社會科學出版社，1991年。

《隋唐》洛陽卷＝隋唐五代墓志匯編總編輯委員會編：《隋唐五代墓志匯編》洛陽卷1—15，天津古籍出版社，1991—1992年（下引本書同）。

《隋唐》陝西卷＝《隋唐五代墓志匯編》陝西卷17—20。

《隋唐》北大卷＝《隋唐五代墓志匯編》北京大學卷24—25。

《匯編》＝周紹良、趙超編：《唐代墓志匯編》上下，上海古籍出版社，1992年。

《補遺》＝吴鋼編：《全唐文補遺》1—7輯，三秦出版社，1994—2000年。

《西北匯編》＝趙平主編：《中國西北地區歷代石刻匯編》，天津古籍出版社，2000年。

《新編》＝周紹良、趙超編：《全唐文新編》，吉林文史出版社，1994—2001年。

《匯編續》＝周紹良、趙超編：《唐代墓志匯編續集》，上海古籍出版社，2001年。

《南京》＝袁道俊編：《南京博物院藏〈唐代墓志〉》，上海人民美術出版社，2003年。

《撒馬爾干》＝榮新江、張志清主編：《從撒馬爾干到長安——粟特人在中國的文化遺迹》，北京圖書館出版社，2004年。

《補編》＝陳尚君輯校：《全唐文補編》，中華書局，2009年。

《西碑新》＝趙立光主編：《西安碑林博物館新藏墓志匯編》，綫裝書局，2007年。

《洛民》= 李永强、余扶危編：《洛陽出土少數民族墓志匯編》，河南美術出版社，2011 年。

《洛絲》= 洛陽市文武管理局編：《洛陽出土絲綢之路文物》，河南美術出版社，2011 年。

《施唐》= 潘思源編：《施蟄存北窗唐志選萃》，上海古籍出版社，2014 年。

《五代匯編》= 仇鹿鳴、夏婧編：《五代十國墓志匯編》，上海古籍出版社，2022 年。

《故宫匯編》= 故宫博物院編：《故宫博物院藏歷代墓志匯編》，紫禁城出版社，2010 年。

《曲石》= 李希泌編：《曲石精廬藏唐墓志》，齊魯書社，1986 年。

《南博》= 袁道俊編著：《唐代墓志》，上海人民美術出版社，2003 年。

《唐宋》= 饒宗頤編：《唐宋墓志：遠東學院藏拓片圖録》，香港中文大學出版社，1981 年。

《陝志》= 楊虎城、邵力子修，宋伯魯、吴廷錫等纂：《續修陝西通志稿》，民國二十三年陝西通志館。

《西北匯編》= 趙平編輯：《中國西北地方歷代石刻匯編》，天津古籍出版社，2000 年。

《施碑萃》= 潘思源編：《施蟄存北窗碑帖選萃》，上海古籍出版社，2012 年。

附録二：墓志人名索引